著名 CEO 给女孩的最珍贵礼物

倾注世间亲情，融汇人生智慧
一部畅销华人圈的亲子心灵圣经

U0743412

女儿，爸爸想告诉你

谢 倩 ◎ 著

天津科学技术出版社

图书在版编目（CIP）数据

女儿，爸爸想告诉你：美绘本 / 谢倩著. ——
天津：天津科学技术出版社，2012.4
ISBN 978-7-5308-6966-6

Ⅰ．①女…　Ⅱ．①谢…　Ⅲ．①家庭教育－通俗读物
Ⅳ．①G78-49

中国版本图书馆CIP数据核字(2012)第068512号

责任编辑：张　跃
编辑助理：胡艳杰
责任印制：兰　毅

天津科学技术出版社出版
出版人：蔡　颢
天津市西康路35号　邮编 300051
电话（022）23332695（编辑室）　23332393（发行部）
网址：www.tjkjcbs.com.cn
新华书店经销
北京彩眸彩色印刷有限公司印刷

开本 787×1092　1/16　印张 12　字数 200 000
2012年4月第1版第1次印刷
定价：29.80元

【目录】

写给可爱的女儿

给亲爱的女儿:

　　从你诞生到现在，每天都为爸爸带来无穷的快乐和惊喜。看着你一天一天地长大，爸爸心里有说不尽的高兴。但是，你的人生才刚刚开始，你就像是刚萌芽的小花朵，即将面临风雨、阳光等不同的自然环境。娇弱可爱的你，该怎么面对严苛的环境呢？爸爸很想帮助你这朵小花，但爸爸不想变成一个你最讨厌的"说教老头"，所以爸爸为你写了这些信，希望这些信对你今后的生活有所帮助，你一定要抽空看完这些信啊！当然，也许还有爸爸忘了写上去的，所以，爸爸也希望你看了这些信后，能回信给我，让我们一起分享，一起讨论。

爱你的爸爸

1. 近朱者赤，近墨者黑

结交优秀的朋友能让自己更优秀。

孩子：

俗话说"近朱者赤，近墨者黑"，意思就是和优秀的人在一起可以变优秀，和坏人在一起就会变坏。

爸爸希望你不要和行为不好、思想不端正的坏孩子做朋友，以免你被坏朋友给带坏了。也许你的意志力很强，不会被坏朋友影响，但是人们都知道那些坏朋友不是好孩子，如果你和他们在一起，别人会怎么看待你呢？

爸爸刚上高中时，和班上一个同学很要好，周

围的朋友都告诉我那个同学的品行不好，叫我不要和他走得太近。刚开始爸爸没有理会朋友的劝说，后来那个同学做了坏事，爸爸竟然被误认为是同伙，受到了牵连，同学们也因此不喜欢跟爸爸来往了。虽然后来证明爸爸没有做坏事，但是爸爸已经汲取了教训，往后就不再和坏孩子做朋友了。

　　结交优秀的朋友能让自己变得更优秀，爸爸希望你多交一些优秀的朋友，多学习他们的优点，让自己越来越好。古语说"交友需胜己"，意思就是交朋友要交比自己优秀的，从朋友身上学习优点，才能让自己更进步。

正所谓"物以类聚"，从你身边的朋友就能判断出你的品格，所以，你一定要结交优秀的朋友，让你自己更进步。

希望你更优秀的爸爸

2. 从经验中获得智慧

智慧来自于经验，我们要善于从经验中记取教训，并获得智慧。

女儿：

你知不知道，为什么有人遇到突发事件时能迅速找到解决之道，有的人却手忙脚乱呢？善于解决问题的人，大部分曾有过类似的经历，并且善用自己的经验，使他们在面对类似情况时，能不慌不忙地解决问题。反之，不能解决问题的人，会因为无法汲取经验和教训，而遇到事情便惊慌失措，而影响到处理问题的成效。要记住："经验是学习进步的重要来源，汲取经验和教训，可以让你的智慧一

步一步地往上提升！"

俗话说："我吃过的盐比你吃过的米多，我走过的桥比你走过的路多。"这句话就是在说老年人比年轻人明智，因为他们的人生经历比年轻人多，累积的经验也比较多，所以获得了比年轻人更多的智慧。由此可知，智慧是来自于经验，也就是说，透过经验累积，可以获得智慧。

所以，我们要善于累积经验，进而获得智慧。孩子，从今天起，和爸爸一起努力吧！

持续累积经验中的爸爸

3. 让美好的音乐 永远伴随你

音乐是心灵永远的慰藉。

女儿:

从小你就对声音特别敏感。我记得,你还只能躺在摇篮里的时候,我在摇篮旁边挂了一个风铃。每当风吹过来的时候,风铃互相碰撞,发出清脆悦耳的声音。这时候,你的眼神就会十分专注,安静地聆听那美妙的声音。

稍微大一点儿后,爱动的你还是喜欢听音乐,只要我一放音乐,你就会安静下来,静静聆听。后来,你喜欢跟着电视里的歌手唱歌,又对他们弹奏的钢琴产生了兴趣,磨着我们也要学钢琴。

　　孩子，我也愿意让美好的音乐永远伴随你。音乐是天使的语言，它最容易触动我们的心灵，能带给我们至美的享受。我小的时候，母亲也曾经用柔和的歌声陪伴我入睡，父亲还会吹笛子给我听，那清亮的笛声让人想起南方的竹林、北方的草原。有时候，母亲也会弹几首歌曲，我就站在旁边，和着曲子轻轻歌唱，感觉自己就像一个美丽的天使，在音乐的天堂尽情飞舞。

　　孩子，有了音乐的陪伴，我们的生活可以更加丰富多彩。音乐把我们带进一个个美妙的神奇的世界，当我们开心的时候，音乐为我们助兴；当我们不开心的时候，音乐又轻轻抚慰我们的心灵。

　　孩子，我也鼓励你去学一两种喜欢的乐器。你要把它当成一种

热切的爱好，坚持下去。在你以后的人生旅程中，当我们不能够再陪伴你的时候，你可以轻轻弹奏一首老歌，回忆曾经的美好时光。你还可以用美妙的音乐为你爱的人和爱你的人带来安慰和快乐。

心爱的孩子，愿你的一生，有美妙的音乐陪伴。

热爱音乐的爸爸

4. 爱护公物是 每一个人的责任

人人都要爱护公物，制止破坏公物的不文明行为。

孩子：

　　你每天的大部分时间都生活在校园里，不知道你是否有过下面类似的经历：

　　一天，小刚正在与小明聊天，可当他准备起身的时候，椅子却粘在屁股上一起起来了。小明仔细一看，原来是一块口香糖粘在了小刚的裤子上。谁这么不讲文明呢？小明和小刚一起用力拔，终于把口香糖拔了下来。小明在一旁开玩笑似的与小刚谈论关于口香糖的这件事，可是小刚却闻到一阵刺鼻

的臭味。

　　顺着味道，小刚将目光落在了小明的桌子底下。小刚问："小明，是不是什么东西在桌子下发霉了？"小明说："不可能。"说着，小刚就和小明在桌子下找了一遍。结果，在小明的桌子下面，发现了已经发霉的鸡蛋。这时，小明不再说什么了。

　　小刚与小明都被不爱护公物的人给害了，他们的亲身经历告诉我们，爱护公物是多么重要。不知你是否看到楼道上、教室里的墙壁污迹斑斑；再看

课桌椅，更是不堪入目，它们仿佛都在控诉着同学们所犯下的"罪行"……破坏公物是一种不道德、不文明的行为。陶铸先生曾经说过："一个人有了崇高伟大的理想，还一定要有高尚的品德。没有高尚的品德，再崇高再伟大的理想也不能达到。"

孩子，你想要健康地成长，想要将来在事业上有所成就，首先必须严格要求自己，从小就培养爱护公物、节约水电、反对破坏公物的好习惯。

再说，公共财物是大家共有的，不是哪个人的，谁都不能任意毁坏，因为它是我们大家的，是为我们每个人服务的。所以，我们人人都有保护公共财物的责任；如果有人破坏公共财物，谁都有权利制止这种不文明的行为。

最重要的是要树立公共财物是国家和集体的财产，是神圣不可侵犯的这一观念。有了这一观念你就能自觉地把爱护公共财物当做一项责任，处处自觉爱护公共财物。

爱护公共财物是我们每一个人都应尽的义务。在我们身边，你会发现很多这方面的榜样，比如少年英雄赖宁为了扑灭森林大火，保住国家财产而光荣牺牲的感人事迹，还有草原英雄小姐妹龙梅和玉荣为了保护集体的羊群而勇敢地与暴风雪作斗争的光辉事迹，这些懂得爱护公共财物的小英雄永远值得你学习。

孩子，只要是公共财物，不管是一草一木，还是一桌一凳，都要善待它们，像爱护自己的财物一样爱护它们，做一个爱护公共财物的文明的孩子。

爱护公物的爸爸

5. 尊重他人的人，才能得到他人的尊重

尊重他人的人，不但能得到他人的尊重，还具有很大的人格魅力！

孩子：

一个人很有学问，但如果他没有良好的人格魅力，就还是得不到人们的尊重。你想做一个受别人尊重的孩子吗？那么你得先学会尊重别人，尊重别人的人不但能得到别人的尊重，还能提高自己的人格魅力。

最近，我发现你开始懂得打扮了，还常常照镜子，看来，你已经长大了。爸爸想起你小时候也很喜欢照镜子，有一次你对着镜子扮鬼脸，却吓着了自己，哭着跑来告诉我说镜子里的孩子对你凶。你

还记得吗？后来爸爸叫你试着对镜子笑，当你看到镜子里的自己也笑了时，就对我说，原来要先对她笑，她才会对我笑啊！其实，和朋友相处就像照镜子一样，如果希望别人对自己笑，你就必须先对别人笑，尊重别人，才能得到别人的尊重！

尊重别人的方法有很多，涉及的层面也很广。比如，与人谈话时要有耐心，不要随便指出别人的缺点，要为他人着想等等。尊重别人的人，能交到更多的朋友。女儿，你是否也有其他尊重别人的好方法呢？回信时记得告诉我哦！

尊重你的爸爸

6. 保护地球是大家的责任

保护地球，就是保护
自己的生命。

孩子：

　　孩子，如果我问你，家是什么，你一定会不假思索地说，家是漂亮的房子，有爸爸、妈妈的爱，有欢声笑语。

　　对，你说的没错，这是一个温暖的小家庭。但是你知道吗？我们所有的人，有一个共同的也是唯一的家园，那就是地球。

　　保护地球，保护环境，就是在保护我们自己的生命。环境保护一直是人类不变的主题，美丽的环境是人类永恒的追求。

然而，孩子，你发现没有，在我们的身边，仍然有许多破坏环境的现象在不断发生。联合国的一份环境调查报告显示：南极臭氧空洞，每天都会增大相当于美国陆地的面积，使紫外线辐射增强，皮肤癌发病率上升；空气质量严重下降，全球大约有1.25亿人口生活在空气混浊的城市中；温室效应造成全球气候变暖；12%的哺乳动物和11%的鸟类濒临灭绝，平均每天有150~200种生物从地球上消失；12亿人口生活在缺水的城市，14亿人口的生活环境中

缺乏生活污水排放装置；40多种鱼类因捕捞过度而濒临灭绝；全球地表土壤平均每年流失200亿吨；化学杀虫剂使用量已超过270万吨；全球森林以每年460万公顷的速度迅速消失。

家本来应该是美丽的、温暖的，但现在却因为某些人的破坏而出现了问题。很难想象，如果有一天这个家园被我们自己毁坏了，那么那时候我们要怎样生活。

有些人错误地认为水是"取之不尽，用之不竭"的，所以不知道爱惜，随意浪费。

其实，我国水资源人均占有量并不丰富，地区分布十分不均匀，加上天气变化莫测，每年的降水量差别都很大。在这种情况下，还有一些目光短浅的人为了自己的利益，严重污染水资源，使得我们的水资源更加紧缺。

所以，孩子，我希望你牢固地树立起"节约水光荣，浪费水可耻"的信念，爱惜每一滴水。

孩子，你还要爱护花草树木。树木是大自然赋予我们人类的宝贵财富，地球上种类繁多的森林，是大自然的总调度室。树木能净化空气；树木能进行光合作用，吸收二氧化碳，放出氧气；树木还可以美化环境，减少噪音。

孩子，我们的地球应该是一个美丽的家园，有绿色的森林、蔚蓝的天空和碧绿的湖水。为了这个美丽的家，我们每一个人都应该尽自己的力量，去保护它，爱护它！

热爱地球的爸爸

7. 要学习他人的优点

取长补短，能使自己变得更优秀。

女儿：

看到你有越来越多的朋友，爸爸很高兴。

有句话说"尺有所长，寸有所短"，意思就是说，再优秀的人，也有他的不足之处，而再平凡的人，也有值得他人学习的地方。

如果朋友有比你优秀的地方，你会嫉妒吗？其实，朋友之间应该互相尊重、互相学习；嫉妒是不对的，要努力学习他人的优点，使自己更进步，才能让自己变得更加优秀。

爸爸告诉你一个取长补短的方法：你必须发现并学习他人的优点，然后把别人的优点变成自己的优点。

首先，你要发掘他人的优点。当你和朋友们相处时，你一定要用心，只有用心和别人交往，才能发现别人拥有的、你所没有的优点。

其次，你要学习他人的优点。找到别人的优点后，当然要赶快把这些优点学起来啰！爸爸相信，这件事对你来说是很容易的。

最后，你必须把别人的优点变成自己的优点。发现并学习他人的优点并不难，难就难在要如何将别人的优点变成自己的优点。你必须在保有自己优点的基础上，努力学习他人的优点，才能使自己变得更优秀！

告诉你一个秘密，爸爸发现你身上也有很多优点，这些优点中也有爸爸没有的，可见爸爸我也要向你学习喔！

希望和你互相学习的爸爸

8. 珍惜父母的血汗钱

勤俭节约是我们的传统美德。

女儿：

　　孩子，爸爸给你讲这样一个故事：从前，有一个富裕人家的孩子，名叫小淘。一天，他在吃饭时浪费了许多米。剩下的米饭全被倒在了水槽里，这下可使那些被丢在水槽里的米粒们生气了，他们一齐说："这孩子这么浪费粮食，我们应该好好教育教育他。"说完，他们便叫上前几次被丢弃的米粒们，一起商量对策。商量好后，他们便开始行动了。

　　有一天，小淘来到教室里，发现自己桌子上全是米粒，便大声喊道："是哪个混蛋把米粒放到我桌上的？"这时，米粒们气愤地说："你不但不爱惜粮食，还讲脏话。今天，我们非教训教训你不可。"于是，他们就一哄而上，边说边打。小淘连忙叫道："你们别打了，我以后再也不敢了。"米粒们异口同声地说："那你得答应我们两个条件，第一，你以后要爱惜粮食，不讲脏话。第二，画一幅关于爱惜粮食的画儿，贴在淘米池上。"小淘立刻答应了，而且全做到了。小米粒们都跷起了大拇指。

　　从此，这种事情再

也没发生过，小淘能自觉爱惜粮食了。

孩子，在我们国家，还有许多失业家庭的生活尚待改善；许多受灾地区的人们吃不饱、穿不暖；许多孩子没有饭吃，没有学上，没有鞋子穿，没有衣服保暖。因此，勤俭节约的传统美德绝不能丢。何况，爸爸妈妈每天那么辛苦地工作，他们用血汗换来了你优越的生活，难道可以随便挥霍吗？当然不能，从现在开始，从珍惜一粒米开始，从节约一滴水开始，从节省一分钱开始做一个文明、优秀的好孩子。如果能够养成勤俭节约的美德，就意味着你有可以控制自己欲望的能力，也意味着你懂得珍惜父母来之不易的金钱，更意味着你是个懂得珍惜他人劳动成果的好孩子。

懂得珍惜的爸爸

9. 要有身为女性的自信与骄傲

每个人都应该有自信，身为一个女孩，更应该感到自信和骄傲。

女儿：

有一次，爸爸偶然听到你说："为什么我是个女孩子呢？真是讨厌！"当时，真的把我吓了一大跳，希望这句话不是你真心的想法。每个人都应该对自己有自信，身为一个女生，更应该对自己感到自信与骄傲。

从古至今，人们经常探讨"男人和女人谁比较优秀"的问题。其实男女各有所长，例如男生的力气通常比女生大，可以轻易把很重的东西举

起来；女孩则比男孩细心，许多繁复的工作只有女生做得来，男生只有搞砸的份。所以，女生拥有许多男生没有的优点，身为女孩的你，理应感到骄傲与自信。

爸爸之前曾经告诉过你，有自信的女孩最美丽，要相信自己的能力。从前你们班上的第一名一直是个男生，他也稳坐班长的宝座，对于这件事，你不是一直觉得很不服气吗？后来你努力学习，结果，现在第一名跟班长的宝座，不是成为你的了吗？所以，身为女孩，只要有足够的勇气和自信，努力地面对困难，还是可以赢过男孩的。

老爸说了这么多，就是要告诉你身为女生有很多优点，不要因为某些事情赢不了男生而感到灰心。而且，许多天生赢不了男孩的事，只要你加倍努力，还是可以胜过他们的。无论做什么，都要有自信，骄傲且大声地说："我是女生！"这样才是爸爸最棒的乖女儿。

为你骄傲的爸爸

10. 学会感恩

凡事感激，学会感激，感激一切使你成长的人！

孩子：

凡事感激，感激伤害你的人，因为他磨炼了你的心志；感激欺骗你的人，因为他增进了你的智慧；感激中伤你的人，因为他砥砺了你的人格；感激鞭策你的人，因为他激发了你的斗志；感激遗弃你的人，因为他教导你应该独立；感激绊倒你的人，因为他强化了你的双腿；感激斥责你的人，因为他提醒了你的缺点；凡事感激，学会感激，感激一切使你成长的人！

上面这段话，是我偶然在一本书上看到的，爸爸觉得写得很好，所以要写信告诉你。一个人学会了感恩，他的生活就充满希望，而且我相信，一个懂得感恩的人烦恼也不会很多，因为他有一颗宽容和感恩的心。

你知道感恩节吗？每年11月第四个星期四就是感恩节。感恩节是美国人独创的古老节日。它的由来是，在很久以前，有一群人在冬天乘船抵达美洲，但是半数以上的移民都因为饥荒和传染病而死去了，活下来的人们在第一个春季开始播种。他们热切地盼望着丰收的到来，他们深知即将到来的收获关系着自己的未来。最后，庄稼获得了丰收。为了感谢上帝赐予的丰收，人们举行了连续三天的庆祝活动。从此，这个习俗就沿袭下来，并逐渐风行世界各地。怀着一颗感恩的心，你就会发现，世界上无论是谁，都会对你有所帮助。

以前，你奶奶每天都会祷告，而爸爸小时候常在背地里取笑奶奶，觉得她的样子很滑稽，那时候我可比你现在淘气多了。记得有一次吃饭前，奶奶带着大家一起祷告，我不小心笑出声来，你奶奶很生气，罚我不准吃饭。后来，奶奶端着食物到爸爸房间对我说，一个人并非生来就能得到生活中拥有的一切，要感激上帝让我们拥有美好的生活，还要怀着一颗感恩的心。不论是什么，都不要只想着索取，或是觉得理所当然，要感谢这个世界。爸爸不要求你每天都像她那样祷告，但是，我希望你有一颗和她一样的感恩之心，对生活中的每一件事都能怀着感恩的心。

孩子，好好品味一下开头的那段话，相信它能给你带来帮助。

愿你没有烦恼的爸爸

11. 要善于表达自己的意见

表达自己的想法和主张，是与人交往的开始。

女儿：

一转眼，爸爸发现你已经长得这么大了，从前的小不点，现在已经出落成亭亭玉立的小女生了，爸爸心里真的很高兴。

孩子，最近你和朋友相处的过程中，有没有难以表达自己想法和主张的时候呢？如果有的话，那你可要好好地记住爸爸下面要教你的事喔！

首先，你得确认自己的想法；其次，要清楚自己的目的；最后，要运用最恰当的表达方式。

确认自己的想法，这点很重要。好比你和朋友讨论周末要去哪里玩，你首先得了解自己想做什么，想去跳舞、郊游还是游泳；等你拿定主意后，再告诉大家你的想法。如果连你自己都没有明确的主张，那么，你要如何说服别人呢？委屈求全同意朋友的提议，你能玩得开心吗？所以，确认自己的想法是表达自我意见的第一步。

　　第二，你必须清楚自己的目的。目的明确，表达才有意义。经过讨论后，你们决定办一个舞会，而你希望这个舞会能在咱们家举办。这就是一个明确的目的。然后你还要告诉大家在咱们家办舞会的

优势，比如，咱们家有个宽敞的客厅，有很多有趣的东西可供大家玩耍，还有许多衣服让大家在舞会时使用。

最后，你要运用最恰当的表达方式。活泼生动的语言是表达的关键，运用适当的肢体语言可以增加说服力。因此，在日常生活中，你要时时累积更多的词汇，与别人谈话时，也要仔细观察、学习他人的肢体语言。读书、看报时看到的名言警句也可以摘录下来，有空时读一读，看一看，时间长了，你就会成为它们的主人，说话时自然就会妙语如珠，好句不断了。

孩子，人际关系是从自我表达开始的，我希望你成为一个善于表达自己意见的人。乖女儿，从今天开始尝试一下爸爸的建议吧！如果你有更好的建议，也要告诉爸爸喔！

想当你最要好的爸爸

12. 懂得赞美别人

赞美能激发一个人的潜能，每个人都希望得到别人的赞美，懂得赞美别人的人，可以交到更多朋友。

宝贝：

记得很久以前的一个星期天，你没有睡懒觉，早起把自己的房间打扫得干干净净，还提前完成了学校的作业。爸爸和妈妈都觉得很高兴，也都赞美了你；从那以后，你每个周末都会主动完成这些事情，理所当然地，你每次都可以得到我们的赞美。爸爸知道，你这么主动又乖巧，是因为想得到这些赞美，每个人都希望获得别人的赞美，所以你不必感到不好意思。

　　然而，就因为每个人都想得到别人的赞美，所以如果你能适时地赞美别人，那将会是一件很棒的事。赞美是激发人们潜能的有效方法。人一旦得到别人的赞美，心情就会十分愉快，为了得到更多赞美，通常会加倍地努力。所以，适时地赞美别人，绝对是一件好事。

　　然而，你或许会遇到以下两种情况：有些人对任何事情都不思进步，赞美也无法鼓舞他们努力上进。有的人强烈地想要得到别人的赞美，以致于不择手段。对于这两种人，赞美他们的次数应适度减少，以免白费工夫或造成反效果。至于其他人，就可以尽可能多给他们一些鼓励和赞美。

　　爸爸想起自己小时候发生的事。小学时，爸爸的语文作业常常因为字写得太丑而不及格，后来我甚至不想再上语文课了。直到有一天，爷爷看了爸爸的作业簿，对爸爸说："儿子，你的字写得比我当年漂亮多了，我猜你们班上字写得这么工整的同学很少吧，你一定下了不少工夫……"爸爸受到爷爷的赞美，觉得很高兴，总算有人欣赏我了。于是之后上语文课和写作业时就加倍地努力，虽然偶尔还是有不及格的情况，但是爸爸对自己越来越有信心了。由此可见，赞美的力量是多么强大啊！

赞美别人可以激发他的潜能，被你赞美的人也会感激你，并自然而然成为你的朋友。多做好事还可以多交一个朋友，这样不是很划算吗？

希望也能得到你的赞美的爸爸

13. 谦虚使人进步

谦虚可以衬托出一个人的优点，使其更明显，更突出。

孩子：

邻居们常在我面前夸你是一个可爱、善良的女孩。由此可见，你的确十分优秀，不过，如果你能更谦虚一些，一定可以获得更多的赞美。

如果一个有学问的人，接受夸奖时不懂得谦虚，反而表现出一副洋洋得意的样子，那么，他肯定得不到人们的尊重，还会因骄傲自恃而逐渐落后。谦虚可以衬托出一个人的优点，使其更明显，更突出。一个有魅力的、有良好修养的女孩是懂得谦虚的。一个人的智慧，就像一颗美丽的宝石，如果用谦虚镶边，就会更加灿烂夺目。孩子，你是否也想拥有这颗人人渴慕的智慧宝石？

　　世界上有很多优秀的人，他们在取得成功时，同样表现得十分谦虚。例如"力学之父"牛顿，他是一位拥有许多成就的伟大科学家，然而他却非常谦逊，对于自己的成功，他谦虚地说："如果我见到的比别人要远一些，那是因为我站在知识的巨人肩上的缘故。"他还对人们说："我只是一个在海滨上玩耍的孩子，有时因为捡到一颗光滑美丽的小石子而雀跃不已，但真理的大海，我还没发现。"还有扬名于世的音乐大师贝多芬，谦虚地说自己"只学会了几个音符"。科学巨匠爱因斯坦也曾

说过，自己"就像小孩一样的幼稚"。这些成功的人都很谦虚，不但没有人瞧不起他们，反而让他们得到更多尊重。你也许认为你的存在很重要，觉得自己很强、很厉害；但是，如果这些伟人都这么谦虚了，你是否可以跟他们一样呢？所以，不要骄傲自大，要学会谦逊。真正了不起的人，不但目光敏锐、见识深刻、学识渊博，还应该能承认自己的能力是有限的，而且懂得不断努力进取。

人人都想听到别人的赞美，人人都想把自己最优秀的一面展现给大家。老爸希望你能够做一个会肯定他人、对自己严格要求、不骄不躁的人。这样，你不仅能拥有谦虚镶边的智慧宝石，而且无论你在哪里，都会得到更多的朋友和他人的尊重。

希望你进步的爸爸

24. 无论做什么都要有始有终

无论做什么，一旦选择了就要坚持下去，绝不轻言放弃。

女儿：

从小，我们就告诉你无论做什么都要有始有终，要有毅力，要持之以恒，坚持到底。现在，就让我来告诉你，怎样才能做到有始有终，以及有始有终的好处。

无论你决定要做什么事，一定要做到有始有终！首先，你必须明白自己的决定；其次是要坚定自己的信念；最后就是实施这个决定。在做任何事情的过程中，肯定会遇到许多波折和困难，千万不要被困难压倒，一定要坚定自己的信念，即使跌倒了，也要赶快爬起来，朝着自己的目标继续前进！这样一来，即使到了最后，这件事情虽然完成了，但是却没有达到你预期的效果时，你也能骄傲地对自己说："我尽力了，我坚持到最后了！"

　　记得去年暑假，你要爸爸买课外读物给你的事吗？当时你对我说，你一定会在不耽误学业的情况下，在暑假里把那本书看完。结果你看不到一半，就因为对内容不感兴趣，把书抛在一旁，尽情地和朋友们出游去了。当时，我告诉你做事情一定要有恒心，重要的不是你可以得到什么，而是一旦决定就要坚持到底的决心。后来，你还是把那本书给看完了，虽然已经超出了你当初所说的一个暑假的时间，但是你对我说的话，我现在还记得。你很坚定地告诉我，以后自己决定好要做的事，就一定要坚持到底。每当你快要放弃时，你都会鼓励自己，告诉自己一定办得到，这样一来，你就有足够的动力去完成每一件事了；而你也真的办到了。你说

的话和做的事都表现得很好，爸爸很高兴。

做事情坚持到最后，不轻言放弃，还有很多好处。就刚刚提过的课外读物案例而言，如果你当初没有坚持到底，就学不到书上的知识，也无法获得成功的喜悦。

宝贝，记住，半途而废的人不可能成功，无论做什么，都一定要坚持到底！

希望你坚持到底的爸爸

15. 说话算话才能取得别人的信任

说话算话，是言而有信的表现，不履行承诺的人，将失信于人。

孩子：

你还记得小时候爸爸跟你说过的"放羊的孩子"的故事吗？一个放羊的孩子一时兴起，故意骗村子里的大人们"狼来了"，要村子里的人帮忙他把狼赶走，以免养得肥肥的羊被狼给吃了，结果次数一多，大人们都不相信他的话了，后来狼真的来袭击羊群了，孩子惊慌地到村子里搬救兵，但谁也不愿意相信他了；结果那孩子的羊被野狼咬死了好几只，损失惨重。虽然这只是一则故事，但是我觉得咱们父女俩可以一起探讨这个故事中引人深思的地方。故事里的孩子老是说谎，造成大家对他的信任瓦解，不再相信他。所以，我们千万不能像他那样，我们要说话算话，出尔反尔的最大损失，是无法再得到朋友的信任。

要言而有信其实十分简单，首先，你必须不说大话，要诚实以对；然后不要轻易承诺，一旦承诺就必须履行。

不说大话这一点非常重要。在朋友面前吹嘘自己可以完成根本无法完成的事，或是谎称拥有根本没有的东西等等，都可能让你失去朋友的信任。所以，我们千万不能说大话，要诚实地对待朋友，把自己的实际情况告诉朋友，一个

　　真正的朋友不但不会取笑你，还会帮助你。

　　再者，记得不要轻易承诺。在向朋友承诺以前，要考虑自己是否有能力履行。如果自己有办法做到就可以答应朋友，要是自己根本办不到，千万不要乱承诺。一旦向朋友许下承诺，就必须努力兑现你的诺言。

　　当然，并不是所有的诺言都能办到，但是你必须尽力去做，如果你已经尽力了，还是做不到，相信你的朋友也会原谅你的。平时我也会犯下类似的过错，但是我意识到自己犯了错，并不断在改正，努力去做一个说到做到、言而有信的人。你不也常常说，爸爸从不骗人的吗？所以你也要做一个不骗人的孩子喔！

说话算话的爸爸

16. 要包容他人的缺点

理解和包容他人的缺点，
便能交到真心的朋友。

女儿：

爸爸要告诉你几个交真心朋友的秘诀。朋友多是件好事，但是如果能交到真心的朋友，就是一件棒到无与伦比的事情了。你想和爸爸一样交到许多真心的朋友吗？其实很简单，你必须真诚待人，不但要学习他人的优点，也要包容他人的缺点。

每个人都有许多优点和缺点，世界上没有十全十美的人。当一个朋友具有许多优点时，对你来说当然是件值得高兴的事，因为你可以把他的优点告诉更多人，和他们一起学习这些优点；但对于朋友的缺点，你就只能悄悄地告诉他本人，因为谁也不愿意张扬自己的缺点。要正视朋友的缺点，但不要因此而破坏了友谊。

只赞美一个人的优点，不提他的不足之处，也不是对待朋友的正确态度。很多时候，人们知道自己的某些缺点，却不愿意被他人指出来，所以你应当悄悄告诉朋友他的不足之处，然后再和他一起找出造成这些缺点的原因，分析这些缺点带给他的不

利影响，再帮助他慢慢改掉
这些缺点——这才是对待朋
友最好的方法。

　　孩子，只有理解和包容
他人的缺点，才能交到更
多、更亲密的朋友。所以，如果你想和爸爸做真
心朋友的话，请不要忘了指出我的缺点，不过要记
住，要趁旁边没有人时再偷偷告诉我喔！

　　　　　　　　　　　　等待被指出缺点的爸爸

17. 保持一颗愉快的心

时时刻刻保持一颗愉快的心，
生活会充满欢声笑语。

孩子：

太阳每天都会升起又落下，而我们要如何让每一天都充满了欢乐呢？其实要天天开心并不难，只要你时时刻刻保持一颗愉快的心，就能拥有快乐的生活。

那天一位朋友告诉爸爸，接电话的时候无论他的心情好不好，他都会保持微笑。当时我觉得很奇怪，就算笑着接电话，电话那头的人也看不见啊。所以我觉得很好奇，决定也来试一试。当我第一次笑着接电话时，跟我讲电话的人就问我是不是心情

特别好，因为他觉得爸爸说话的声音似乎十分高兴。于是，我知道，微笑是一种力量，保持一颗愉快的心，可以让生活更快乐。怎么做才能时时刻刻保持一颗愉快的心呢？要快乐，就要懂得满足；要懂得满足，就要懂得适时地安慰自己；然后，你还要懂得享受，享受每件事带给你的乐趣。

首先是懂得满足。也许你会觉得我们家比不上班上某个同学的家，也许是因为他拥有你没有的玩具，或是拥有我们买不起的漂亮衣服……但是，你仔细想想，世界这么大，你可以从电视里看到其他国家，有许多小朋友没有书念，冬天也没有鞋子

可以穿……而你每天都可以坐在宽敞明亮的教室里上课，有很多玩具和课外读物，爸爸妈妈每个礼拜都会带你去公园或海边玩，比起他们，你是多么的幸福啊！所以，我们应该对自己拥有的东西感到满足，不应一味地羡慕别人。

接着，你还要懂得适时地安慰自己。无论遇到多么难过或生气的事，都应该隐忍下来，在心底告诉自己"没什么"。自我安慰可以平抚你的怒气，让你不会因情绪失控而坏事，也可以让你更加知足常乐。

最后，要懂得享受。懂得享受不是要你特地去享乐，而是要学会体会每件事情所带来的乐趣。例如，当你在海边堆沙堡，花费了很多时间和劳力后，你手中的城堡还是不成样子。请问，你会因此觉得难过吗？或是觉得自己的努力白费了吗？你如果懂得享受事物的乐趣，就会发现，堆沙堡的乐趣不仅仅在于堆出的成果，堆城堡的过程才是最重要的。

宝贝，我们的生活，快乐是一天，不快乐也是一天，为什么不让自己每天都过得快快乐乐的呢？相信你一定能懂得这个道理！

你快乐的朋友：爸爸

18. 即使是小事也要下工夫

事情不分大小，都要努力。

女儿：

做大事的人，在小事情上也会下工夫。事情没有大事和小事的分别，只有努力与不努力的差别。

记得去年你们班竞选班长时，你自愿参选，结果只当上了文艺委员。那天你非常难过，回到家以后也一直闷闷不乐的。后来爸爸和妈妈说服你先从文艺委员做起，因为一个连小事都做不好的人，又怎么能担当大任呢？的确，每个人都想当班长，一班之长，多么威风啊！可惜班长的职位只有一个，班上有那么多同学，不可能每个人都当上班长的，

而文艺委员、卫生委员等职位，也得有人来当。而且，你后来不是做得很好吗？你们班的教室布置是全校第一名，现在全校同学都知道你的成果，知道你们班的文艺委员很厉害。而且，你今年不也顺利当上班长了吗？这些都是你努力不懈的成效。如果当初你嫌弃"文艺委员"这个职务，而不去努力，你会有今天的成果吗？

不论多小的事，只要认真去做，就会获得相应的回报。而且，你也可以从小事打好根基，为做大事打下基础。无论大事小事，都应该把它当作一件重要的事，努力去做，以期取得成功。记住，成大事的人，在小事上也要舍得下工夫。

努力做事的爸爸

19. 勇于面对
自己的错误

犯错并不可怕，可怕的是
不敢面对自己所犯的错误。

孩子：

　　每个人在工作、生活和学习中总有出错的时
候，做错事时，最好的办法就是勇于承认自己的错
误。犯错并不可怕，可怕的是不敢面对和改正所犯
的错。还记得美国第一任总统——华盛顿砍树的故
事吗？（见本书"13·诚实的人能够获得成功"）
小华盛顿勇于面对自己的错误，没有逃避，这就是正确的做法。一个成功的人绝对不会害怕承担自己的过失。不论如何，不管是什么原因，知错就改，发现错误就要去面对，才有学习成长的机会。

如果犯了错误不改正，只知道推卸责任，就无法从中汲取教训。这次的推托使你推卸了责任、免去了惩罚，下一次当你再次犯错时，你还是没有面对的勇气，如此一来，就会错了又错，永不停止。自己做错了事，却怀着侥幸的心理，逃避责任，那将会损失许多宝贵的人生经历，也无法从错误中得到教训与成长。不要害怕别人会取笑你犯错，因为每个人都会犯错；勇于面对自己的错误，你将会学到更多。

古语说得好："人非圣贤，孰能无过？知过而能改，善莫大焉。"由此可知，一般人不是圣人或者贤人，谁能没有过失呢？只要是人就有可能犯错，犯了错要勇敢、诚实地面对自己的错误，要敢

做敢当。所以，勇于承认自己的过失和错误，并进行改正，也是一种勇气和美德，更是不断完善自我、取得进步的阶梯。孩子，勇于承认错误，将会使你更加进步，爸爸相信你办得到。

知错就改的爸爸

20. 要爱惜你的身体

健康的身体，是成功的
基石。

孩子：

　　你知道吗？父母给你一个健康的身体，你有爱
护它的义务，有照顾它健康无虞的责任。健康的身
体是成功的基石，我们只有好好地爱护自己的身
体，才有体力去打拼奋斗，为前途努力。

　　我知道女孩子爱漂亮，所以你很注意自己的身
材，一天到晚嚷着要减肥。但是，千万不要为了减
肥故意吃得很少，这种方法是不可取的。美丽必须
先有健康的身体作后盾，健康的身体比美丽的外表
更为重要。一个再漂亮的外表，如果没有了健康，

皮肤和脸色也会随之变差，这种病弱的模样，怎么称得上美丽呢？所以，我们应该爱惜自己的身体，从饮食和睡眠去调养。

饮食对健康十分重要。爸爸知道你和朋友们大多很喜欢吃速食，但是速食吃多了不但不能促进身体的成长，还会把你变成一个大胖子，对身体有百害而无一利。你现在正处于发育期，需要摄取许多不同的营养。每天均衡地食用蔬菜和水果等食品，这些食物里的维生素和营养成分能使你保持充沛的精力。速食的味道虽然不错，但是这些食物都含有防腐剂、色素和人造调味料等对身体有害的物质，对于正处在成长阶段的你们来说，除了会让人变胖外，还可能导致营养不良，妨碍身体的成长。为了维持身体健康，你也不应该挑食，每种食物都要吃，这样才能均衡地摄取到成长所需要的营养成分，让身体健康成长。

而睡眠的部分，爸爸发现你周末有时候会看电视看到很晚才睡，甚至不睡，这样对身体非常不好。科学家的研究证明，一个人每天必须有8小时左右的睡眠时间，身体才能维持健康。睡眠就像为身体充电，想要身体强壮、有精神，就得把电充饱，才能达到目标。所以，充足的睡眠十分重要。只有睡得饱，才能保证你每天能都以良好的精神去面对生活。

无论你将来想要做什么，理想是什么，现在都要保护好自己的身体。记住，健康的身体是成功的基石。

希望你身体健康的爸爸

21. 失败为成功之母

大多数的成功都是历经了
无数次的失败后才取得的。

孩子：

　　我听妈妈说，你最近心情不太好，因为前一阵子舞蹈比赛没有拿到名次，所以你灰心得想放弃跳舞。孩子，其实你不应该这么难过，你知道吗，失败并不可怕，可怕的是害怕失败而裹足不前；失败一次不代表会永远失败，你可以从这次落败的经验里找出自己不足的地方，并且为下一次的成功奠定基础。

　　失败，意味着另一个开始。失败时不要心灰

意冷，因为它表示你距离真正的成功又更近一步了。古今中外有许多人为了取得成功，历经了无数次的失败。法国著名小说家小仲马年轻时，创作了数不清的文章，但他从未透露自己是文坛大师大仲马的儿子。后来，他依旧不断被退稿，这反而坚定了他写作的决心，也在失败中不断提升自己的写作技巧，最后终于完成轰动欧洲文坛的《茶花女》。小仲马历经了无数次的失败，但是他没有放弃，反而更加努力地写作，终于获得成功。此外，"卧薪尝胆"这个成语的由来，也是一个极佳的例子。越王勾践战败，被吴国俘虏，忍辱负重伺候吴王夫差三年，后来取得吴王的信任，被送回越国。在这三年间，勾践每晚都睡在柴火跟稻草上，每天尝苦胆来激励自己，最后终于打败了吴国。类似的故事还有很多，我就不多说了。

所以，当你失败时千万不要放弃，也不要怨天尤人，要继续向成功之路跋涉。有时候失败并不是坏事，是为了让你更快迈向成功，所以千万不要有放弃的念头，只要努力，就一定会成功！孩子，加油！爸爸永远支持你！

不怕失败的老爸

22. 你并不孤单

无论面对什么困难，一定要记住你身后还有很多支持你的人。

孩子：

这是爸爸写给你的第22封信，希望这些信能对你的学习和生活带来帮助。爸爸相信，透过这些信，你一定能交到许多优秀的朋友。

孩子，还记得上礼拜学校的舞蹈比赛吗？本来爸爸有事不能去现场，但是后来还是尽快把事情办完，去了学校。当老师问你爸爸妈妈来了没有的时候，我看到你脸上失落的表情，其实当时我就坐在舞台下。后来，你发现了我，记得当时我说的话吗？记住，你并不孤单，爸爸想要告诉你的是，无

论你得奖与否，爸爸和妈妈都会永远支持你，我们永远都是你最忠实的粉丝。

你往后的人生还很长，还会经历许多困难。虽然我希望你的未来一帆风顺，但是最好还是未雨绸缪，提醒你必须为迎接困难做好准备。当有一天你经历的是爸爸没有告诉过你的困难时，千万不要一个人独自承受，不要硬撑，因为你并不孤单。你的身后还有爸爸妈妈，还有亲人，还有许许多多的朋友！不论你遇到什么困难，我们都会永远和你在一起的。

你坚强的后盾：爸爸

23. 保持好奇心，多问为什么

女儿：

　　我们清楚地记得，小的时候，你是一个"打破砂锅问到底"的孩子。那时候，周围的一切对你来说，都是新奇的。你好奇地观察着，不停地问为什么，有时候会把我们给问住了。

　　孩子，你知道吗？生活中有太多的"为什么"，只是常常因为我们的懒惰才故意忽略，久而久之，这些"为什么"就变成了永远解不开的谜，而我们的见识也不会有太多的增长。

　　孩子，我希望你能继续保持好奇心，多问为什么，做一个热爱思考、善于思考的人，以前如此，现在如此，将来也要如此。

热爱思考的人总是喜欢观察，周围世界发生的一切对他们来说，都可以引发出"为什么"来。你知道吗？也往往是这些善于发现并提出疑问的人，能够有丰厚的收获，取得伟大的成就，就像爱迪生小时候一样：

有很长一段时间了，爱迪生对家里养的那只母鸡产生了浓厚的兴趣，常常蹲在鸡窝边皱着眉头观察那只趴在窝里的正在孵小鸡的母鸡，显出一副深沉的模样。妈妈知道，儿子一定又在思考问题了。

果然，有一天，爱迪生动手把鸡窝里的那只母鸡抱了出来，结果被发怒的母鸡啄破了手。

爱迪生不解地问妈妈："别的母鸡下了蛋以后，都跑到外面来大声叫着告诉人们，可这只母鸡为什么不出来玩儿，还那么霸道地看住几只鸡蛋不放？我想让它到外面跑跑，它还啄我的手。瞧，手都破了。"

　　它不是在下蛋，而是把这些鸡蛋放在身子底下，用身体温暖它们。这样过了一段时间，鸡蛋里面就会有一只小鸡雏，等它长成以后，就会伸出尖尖的小嘴把硬硬的蛋壳啄破，然后从里面跑出来。到那时，鸡妈妈就完成了孵小鸡的任务。"

　　妈妈又摸了一下爱迪生的头，说："你把母鸡从鸡窝里抱出来，它肯定以为你要把它的小宝宝抢走，能不跟你拼命吗？"

　　真奇怪，母鸡趴在鸡蛋上就能生出小鸡来，那人趴在鸡蛋上面一动不动，是不是也照样可以生出毛茸茸的小鸡来呢？爱迪生歪着脑袋想着，已经忘记了手破的疼痛……

　　生活中任何一件小事情都能激起爱迪生强烈的求知欲，他总是在不断地寻求答案，正是这种认真、爱思考、爱学习的精神才最终帮助他成为一个

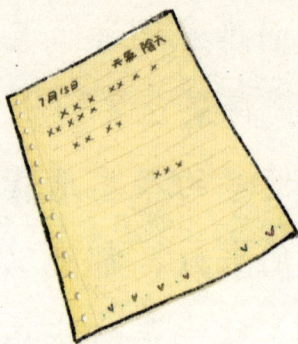

著名的发明家。

　　孩子，我希望在学习和生活中，你也能够有一种积极的探索精神，主动去观察和发现，提出疑问并解答问题。而且，你不能坐等别人来告诉你答案，你要自己亲身去实践，在实践中获得真正的体验。只有这样，你才能获得真正的知识。

　　所以，孩子，你现在应该做的，就是独立思考，自己动手，去完成你的作业，去解答你所有的疑问。

充满好奇心的爸爸

24. 崇尚科学不迷信

相信科学，反对迷信。

孩子：

　　你可能听过长辈们讲过很多鬼怪故事，在那些故事里，人们总是会碰到一些动物变成的妖怪或者是人死后似乎还活着的鬼魂来危害他人，再加上现在有很多层出不穷的恐怖影视剧更加深了你害怕鬼怪的恐怖感。因此，当你一听说别人告诉你，某些人能够利用一张黄纸或者一口茶水之类的东西就能帮助自己避免那些恐怖的东西时，竟然不管是真是假全盘接受了。

　　那么，孩子在这个世界上真的有鬼怪或者真的有可以帮助大家驱邪免灾的神仙吗？当然没有。那

些鬼怪与神仙都
是这个世界上根本不存在的东
西，所谓"鬼魂现象"，是某
些人为了特殊目的制造出来的，或者为了吓人，或
者为了某种恶劣的目的。这些东西经不起时间和科
学的考验，如果你能用科学的眼光透过现象去看本
质，就会发现那些各式各样的鬼怪无非都是来源于生
活，只是被一些人经过加工后拿来吓人的假象而已。

过去，人们的科学知识贫乏，不知道雷鸣闪
电、刮风下雨等自然现象是怎么回事。于是就凭借
想象去解释它们的发生，认为是神灵在作怪。雷鸣
电闪就是"雷公"、"电母"在发怒，洪水泛滥就

是水里的"龙王"作怪……一些别有用心的人，制造出神仙鬼怪欺骗人们，以便让老百姓听从他们的摆布。但是随着科学的不断发展，这些东西再也不能欺骗大家了，因为人们已经逐渐明白了这些自然现象的科学道理。

　　现在，社会上的某些地方还存在一些封建迷信的东西，并且以各种方式表现出来。比如，在一些地方巫婆神汉装神弄鬼；测字先生无中生有……在科学发达的今天，你一定要牢记用科学的世界观看事物的道理，辨清其中的真伪，不能上当，不仅要爱科学、学科学、用科学，还要宣传科学，帮助那些迷信的人从愚昧中解脱出来，相信科学，反对迷信，做一个思想健康的好孩子。

不怕鬼怪的爸爸

25. 要学会控制自己的情绪

控制好自己的情绪，会让你身边有更多的朋友。

宝贝：

你是否常常埋怨："我刚才为什么没有控制住自己的脾气呢？发这么大的脾气真是不应该啊！"

现在，就让你来学习一下爸爸控制情绪的方法。苏格拉底说："在你发怒的时候，要紧闭自己的嘴，以免说出过于激动的言语。"这就是说，生气的时候要控制好自己的情绪，不要轻易表现出来。假如朋友因为某件事责备你，不要表现出生气的样子，这既是有修养的人的表现，也是处理好冲

突与摩擦的最佳润滑剂！接着，你也要认真地想一想，朋友所说的问题，是不是你确实存在的呢？如果是的话，你一定要改，还要感谢朋友指出了你的缺点；如果你没有朋友所说的那些毛病，这也是一件令人高兴的事，因为你能控制住自己的情绪了。

　　有人夸奖你时，你要面带微笑地说："谢谢。"这样既是谦虚的表现，也是有涵养的做法。然后，你再静下心来思考，自己是否有他所说的那些优点呢？如果有，就应该继续保持这些优点；如果没有，你就应该找出原因——为什么自己没有那些优点呢？并尽力使自己能够真正拥有那些优点。

如果你能照爸爸所说的去做，不论是夸你还是批评你的人，都会觉得满意，你会和他们成为真正的朋友。相反地，如果别人夸你时，你喜形于色；有人责备你时，你就大发脾气，这样会让人觉得你很情绪化，不会控制自己的情绪。宝贝，你还有更好的控制情绪的方法吗？如果有的话，一定要和爸爸分享哟！

想和你分享的爸爸

26. 做一个值得朋友信赖的人

成为真正值得朋友信赖的人，能建立你在朋友中的威信。

孩子：

我们每个人都希望拥有值得信赖的朋友，但是，你是否值得他们信赖呢？做一个真正值得信赖的人，不但能让你交到许多朋友，还能建立你在朋友中的威信！爸爸设计了一个小游戏，希望这个游戏能对你有所帮助。现在，就让我们一起回答下面的问题：

① 如果你知道很多朋友的秘密，你会不会守口如瓶？爸爸我会守口如瓶，因为这是对朋友的忠诚。

② 如果你的朋友经常向你借书，但却很少还给你，现在他又要向你借一本你非常喜欢的书，你还愿意借给他吗？爸爸我会先跟他沟通，告诉他我可以把书借给他，但是希望他能改掉借书不还的毛病，这是对朋友的真诚。

③ 假如你的朋友和一个你不喜欢的人关系密切，你会怎么做？爸爸我会什么也不做，继续与朋友保持友好的关系。

④ 假如你的朋友非常不受你身边的人的欢迎，你会怎么做？爸爸我会和朋友一起分析、找出原因，并帮助他改掉不足之处，这是对朋友的爱护。

⑤ 你觉得，真正的朋友应该要和你分享一切吗？爸爸认为，每个人都应该有自己的独立空间，把问题留给自己，保留自己的想法。

⑥ 如果你的朋友买了一件新衣服，你觉得他穿起来不好看，你会怎么做？爸爸会老实地告诉他，并且为他解释原因……

当你成为一个值得朋友信任的人时，你随时都

会得到朋友们的帮助。要想成为受到他人信赖的人，就要多关心并帮助他人。彼此的付出，是增进友谊的基础。

也许，爸爸的答案并不一定是最好的，但爸爸想，你心中一定也有自己的想法，期待能和你一起探讨。

希望成为你信赖的朋友：爸爸

27. 爱自己的人才知道如何去爱别人

人不可能十全十美，所以，无论如何要爱你自己。

宝贝：

为什么爱自己的人才知道怎么去爱别人呢？首先，一个不自爱的人，拿什么去爱别人，又凭什么爱别人呢？爱是具有传递性的，先爱自己才有资格去爱别人，爱的力量会变得强大。如果连自己都不爱，别人要怎么相信你是真心爱他的呢？

爱的传递性就跟你照镜子的原理一样，你对镜子里的自己微笑，镜子里的自己也会对你微笑；你对镜子里的自己做什么，镜子里的自己也会回应你

什么，这就是爱的传递。爱就是这样，爱自己，然后再把爱送给他人，你就会感到幸福。

而且，当你爱一个人时，你会希望他接受你，如果你不爱自己，却要你爱的人接受"你"——一个你不爱的东西，这样不是很奇怪吗？爱他就要给他最好的东西，所以你一定要先爱自己，才能把自己送给你爱的人。总之，无论如何，你必须先爱自己，才会更懂得如何去爱别人。

宝贝，爸爸相信你一定会更懂得爱人，因为你是一个懂得爱惜自己的好女孩。

爱你的爸爸

28. 自己的事情自己做

自己的事情就是自己的责任，凡事都要亲力亲为。

女儿：

你常常自诩自己长大了，说自己是个小大人了。可是，爸爸却也常常听到你说："妈妈，帮我盛一下饭。""爸爸，帮我拿双筷子来好吗？""妈妈，帮我洗一下衣服好吗？""爸爸！帮我拿一下书包。"……你要知道，盛饭、拿书包这些事都是你自己的事，如果你老是叫别人帮你做的话，你就永远学不会怎么去做，久而久之还会养成依赖的坏习惯，如果爸爸妈妈刚好不在你身边的时候，你就不知道该怎么办。像你这样依赖家人的人，距离成为"大人"还有一段距离哦。

无论是大人还是小孩，都应该养成良好的生活习惯。你要明白，自己的事情就是自己的责任，凡事一定要亲力亲为。在家里时，自己能够做到的事就不要让爸爸妈妈帮忙，这样一来，就算有一天爸爸妈妈刚好不在你身边时，你一个人也能应付得来。

在学校也是一样，如果你叫同学帮你写作业，你的成绩怎么可能提升呢？又怎么能学到知识呢？作业要自己做，自己动脑去解题，不要抄别人的作业，那是别人学习的成果，不是你的。老师留作业给你们做，一是为了确认你们是否掌握了所学的知识，二是为了培养你们学习的能力。念书是自己的事，写作业也是自己的事，如果真的想学会老师教的内容，就必须自己动手做。

孩子，自己的事情一定要自己做。当然，遇到

你不懂的，或是你的能力无法办到的事情，可以来
找爸爸帮忙，爸爸随时欢迎！

自立自强的爸爸

29. 孩子，你能保持每天的卫生吗？

保持个人的清洁卫生和自己周围环境的整洁会让你每天都有一个好心情。

女儿：

你渐渐长大，渐渐懂得体贴人了。在我们为工作忙得不可开交的时候，你会帮我们做些简单的家务。看到你这么懂事，我们很欣慰。在这里，我想告诉你如何保持个人的清洁卫生。

孩子，如何迎接新的一天，是日常生活中的大事。搞好自身卫生，同时保持自己周围环境的整洁，这是保持一个人良好精神状态的有效措施，这样每天都会有一个好心情。

带你上街的时候，经常见到一些孩子在马路边一边吃零食一边玩，还会见到一些人吃完东西随手就把垃圾扔到地上，还有人经常随地吐痰。这些不讲卫生的行为给我们的生活环境带来了许多不良的影响。

你知道吗？不讲卫生造成的灾害已经给人类带来了许多深刻的教训。2003年轰动全世界的SARS病毒，就是通过人们唾液中的飞沫在空气中传播的，它使一些人失去生命。至今仍有一些人还在充当着疾病传播者的角色，他们并没有意识到不讲卫生对自己以及他人有多大的危害。

学校的卫生环境，是学校精神文明建设的窗口，也是学校师生素质高低的综合反映。但一些同学的不良卫生习惯，给校园文明带来了不良的影响。

第一，爱吃零食，经常光顾学校旁边不卫生的小

店。许多同学往往抑制不住零食的诱惑，总是在上学或放学时买一些小食品，这样不仅纵容了不法商贩，对自己的身体健康也有极大的危害。

第二，乱涂乱画、乱踢乱踏。有的同学比较好动，总喜欢在教室内外的墙上乱涂乱画、乱踢乱踏。这些污迹给清洁工作留下很多难题，毁坏了学校原本美丽的容貌。

第三，随地吐痰。不少同学公共道德意识不强，无论在教室里，还是在校园内，随地吐痰，结果在走廊、教室和草坪上经常出现令人作呕的痰迹。医学专家说过："如果某个人患了肺炎，他吐出的痰中的唾沫蒸发到空气中，就会污染空气，传播肺炎病菌，使更多的人被疾病所困扰。"真不敢想象，这些痰会给我们的生活带来怎样的阴影。

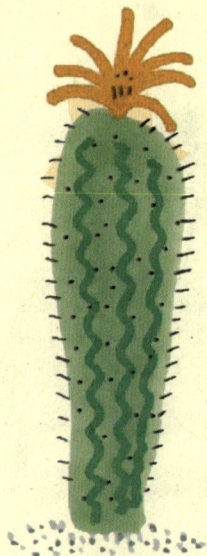

第四，乱扔垃圾。现在有不少同学把早点带进校园吃，有极少数不自

觉的同学随手乱扔包装袋之类的东西，给学校的卫生保洁工作增加了负担。你知道吗？乱扔垃圾会使一个美丽的城市渐渐变成一个人间地狱。

这些不讲卫生的坏习惯给我们的健康生活带来了极为不好的影响。因此，孩子，养成良好的卫生习惯十分重要，我们不仅自己要讲究卫生，还要人人争当卫生监督员，共同把学校的卫生抓上去。孩子，我们希望你的每一天都能从自身的卫生清洁做起，希望你的每一天都能健康而快乐，你可以做到吗？孩子，我们真的很相信你，加油啊！

希望你健康的爸爸

30. 决定了的事就一定要去做

做事的态度决定事情的成败，所以，决定了就一定要做！

女儿：

人的一生中总会做出许许多多的决定，重要的不是决定的内容，而是做事情的态度。

为什么说决定的事情一定要去做呢？首先，你的决定不应该是一时兴起而定下的，而是经过深思熟虑后才决定的。因此，每个决定都必须努力地去完成。爸爸小时候有很多梦想，相信你和我一样，也有很多属于自己的梦想。但是，不是每个梦想都有办法实现，也有爸爸尽力去做却没有实现的。除此之外，有些梦想没有实现，是因为我没有全力以

赴。对于那些爸爸尽了力，却
无法办到的事，我从不觉得遗憾，因为
"谋事在人，成事在天"，只要你尽力了，即使没
有成功，也不是你的错。但是，对于那些因为没有
全力以赴而失败的梦想，我却感到非常的遗憾。所
以，我希望你不要像我一样，当你决定要做一件事
情后，就一定要去做，以免将来会后悔。

　　记得爸爸小时候很想学跳舞，但是在那个年
代，男孩子喜欢跳舞是一件很奇怪的事。虽然我心
里很想学，但是因为太过于在乎别人的看法，最后

还是没有去学。当时有个朋友和爸爸有一样的想法，但是他就坚持去做了，你也认识他的，就是爸爸的朋友周叔叔，他现在已经是一个了不起的舞蹈老师了。

所以，一旦决定了什么事情，就一定要去做，不要给自己留下遗憾。

希望你不要有遗憾的爸爸

31. 自我保护，不上当受骗

学会辨别是非，
学会好好保护自己。

孩子：

虽然我一再地告诉你，这个世界上，善良的人总是比坏人多，美丽的东西比丑陋的多，然而不可否认的是，这些坏人有时候破坏了原本安宁的环境，给人们的生活带来一些阴影。

孩子，我们不能够保护你一辈子，更不能让你成为温室里的娇嫩花朵。所以你注定有一天要独自面对生活中的一切。当这一天来临的时候，我希望你有足够的勇气和经验。

当然，你的勇气和良好经验，来自于现在的磨炼。有一点很重要，就是你要学会辨别是非，学会好好保护自己。这个世界是美丽的，却也是复杂的，那些心怀鬼胎的人，总是以各种各样的假象出现，企图迷惑单纯的人。

孩子，你要清楚地知道，像狐狸这样本性狡猾凶恶的人，当他们以一副温情脉脉的面孔出现在你面前并对你百般讨好的时候，肯定是有所图谋的。如果你放松了警惕，甚至对他们展开怀抱，就会落得可怜的下场。

在我们的生活中，那些坏人往往不会直接表现出他们丑陋的本质，而是用迷人的微笑、甜言蜜语

或物质报酬等诱惑人。

我从报纸上看到一些坏人诱骗小学生的报道。比如经常会出现这样的情况：

她第一次出远门到外地姑姑家过暑假，站在这座陌生城市的十字路口，放下旅行包，四处张望。一辆风驰电掣的摩托车停在她身旁。"怎么啦，小妹妹？我可以帮你吗？"一个男子的声音从红头盔盖下发出来。她怯生生地问："请问，去五四路怎么走？"那男子一笑："不远，你坐后头，我带你去。"她犹豫着。那个人见她没动，又笑道："不收钱，只是顺路。来吧！"说着，伸手帮着把旅行包提到车上……

孩子，这样的事情在生活中是可能遇到的，而课本上恰恰没有讲到。所以我们希望你平时能提高警惕，不仅是为了自己，更是为了所有爱你的人！

渴望保护你的爸爸

32. 守时为你赢得荣誉

守时是人与人之间最基本的信任。

孩子：

有这样一个关于守时的故事：一天，康德去赴一个约会。他的马跑到一条河边时停了下来。康德下了马车，看了看桥，中间已经断裂了。河面虽然不宽，但水很深，而且结了冰。

"附近还有别的桥吗？"康德焦急地问车夫。

车夫回答说："有，先生。在上游6英里远的地方还有一座桥。"康德看了一眼怀表，已经10点了。"如果赶去那座桥，我们以平常的速度什么时候可以到达农场？""我想大概得12时30分。"康德又问："如果我们经过面前这座桥，以最快的速度什么时间能到达？"车夫回答说："最快也得用40分钟。"

康德跑到河边的一座很破旧的农舍里，客气地向主人打听道："请问你的这间房子要多少钱才肯出售？"农妇大吃一惊："您想买如此简陋的破房子，这究竟是为什么？""不要问为什么，您愿意还是不愿意？""那就给200法郎吧！"

康德付了钱，说："如果您能马上从破房上拆下几根长木头，20分钟内把桥修好，我将把房子还给您。"

农妇把两个儿子叫来，让他们按时修好了桥。马车平安地过了桥，飞奔在乡间的路上。10时50分，康德赶到了老朋友的家。

在门口迎候他的彼特斯高兴地说："亲爱的朋友，您可真守时啊！"

康德在与老朋友相会的时间里，根本没有向其提起为了守时而买房子、拆木头修桥的经过。

后来，彼特斯在无意中听到那个农妇讲了此事，便很有感慨地给康德写了一封信。信中说道："您太客气了，还是一如既往地守时。其实，老朋友之间的约会，晚一些是可以原谅的，何况您还遇到了意外。"

一向一丝不苟的康德，在给老朋友的回信中写了这样的一句话："在我看来，在一定意义上可以说，无论是对老朋友，还是对陌生人，守时就是最大的礼貌。"

孩子，这个故事听起来是不是有点儿不可思议，但是康德的行为确实让爸爸肃然起敬。守时是一种美好的品德，正如康德所说"无论是对老朋友，还是对陌生人，守时是最大的礼貌"。爸爸希望你从小就养成守时的好习惯，做一个守时的好孩子。

同样守时的爸爸

33. 女孩的美丽礼仪

女孩真正的美丽是由内而外体现出来的。

孩子：

　　有这样一个故事：狮子是非洲草原上的百兽之王，老虎是亚洲森林中的百兽之王，而飞在天上的鸟类却始终没有王。一天，天神宙斯没事做，就指定了一个日期，要求所有的鸟按时出席，打算从众鸟中挑出一只最美丽的鸟为王。

　　消息很快就传开了，众鸟都聚集到了比赛场地的附近。"我的歌声最动人，这次选出的鸟王一定会是我。"百灵说。"我的羽毛最漂亮，我才应该当选鸟王呢！"孔雀开着屏说。

"我一向都是鸟中的公主，我当鸟王才受之无愧。"高傲的白天鹅说。

众鸟都希望自己最美丽，比赛的前一天，他们都跑到河里去梳洗打扮。寒鸦心里很焦急，他知道自己没一处漂亮，但是他也希望自己能被选上。

众鸟梳洗完毕，寒鸦才来到河边。他发现众鸟脱落下很多羽毛，那些羽毛都比他身上的漂亮。寒鸦灵机一动，捡起所有的羽毛，小心翼翼地插在自己身上，再用胶黏住。

比赛的日期很快就到了，所有的鸟都来到宙斯面前。宙斯放眼望去，看见寒鸦的羽毛花花绿绿的，在众鸟之中显得格外漂亮，于是准备立他为王。

众鸟十分气愤，纷纷从寒鸦身上拔下本属于自己的羽毛。寒鸦身上美丽的羽毛一下全没了，又变成了一只丑陋的寒鸦。

爱美之心人皆有之。寒鸦穿着不属于自己的"衣服"，最后肯定会变得更加丑陋。现代社会中，每个人都希望自己在交往中能给别人留下良好

I have a dream now......

的印象，每个人也都有自己对美的追求。尤其是女
孩儿，都非常爱美。服饰是一种天生的语言，如果
在着装方面优美无比，则是向他人传达着一种无声

的美感，也可以体现出对他人的尊重。不要追求奇装异服，有的女孩儿觉得这样才时髦，其实这只是你个人的错觉罢了，真正的美丽不是靠刺激别人的眼球表现出来的，而是让人从内而外感受到的。不要过分追求时髦和流行的服饰，只有适合自己的才是最美的。

　　总的来说，女孩儿穿什么，怎样打扮，都应该与个人的年龄、身份、性格、气质以及环境、季节相适应，与审美要求相符，才能体现出美。

　　　　　　　　　　　　　希望你永远美丽的爸爸

34. 和男孩子做好朋友

和男孩子成为朋友，学习他们身上的优点。

孩子：

这个世界是由男人和女人组成的，所以学习和异性交往是十分重要的。如何才能正确、顺利地和男孩子做朋友呢？爸爸也当过男孩，就让我来告诉你吧！

和男孩子交朋友是一件很棒的事情，你可以从他们身上学到女生朋友没有的优点。例如，男孩子很讲义气，比大多数女孩子有勇气，胆子也比女孩子大等等。

和男孩子交朋友与跟女孩子交朋友时有许多相

同和相异点。跟男孩子交朋友时，不要难为情，不要觉得女生和男生不能做朋友。

对待男生要和对待女生一样，要保持礼貌、诚实及自信。但是你不能以选择女性朋友的标准来选择男性朋友。选择女性朋友，可以透过相同的兴趣及喜好去寻找，而男孩子的兴趣、喜欢的东西、爱做的活动都和女孩子不一样，想要和男孩子成为朋友，可以在跟他谈话时仔细倾听，不时表示赞同等。然后再和他交换彼此对人、事、物的看法，让男孩子们欣赏你。坦诚以对，男孩子也会真心喜欢与你交往的。

然而，并非所有男孩子都适合当女孩儿的朋友。

当你想和某个男孩子做朋友时，一定要仔细观察他的言行举止。这一点和交女性朋友一样，爸爸告诉过你交朋友一定要交品行优良的。如果这个男孩子的品行不好，一定不能跟他做朋友。

孩子，你要学会区分善与恶，美和丑，聪明和愚蠢。这样一来，你一定能交到更多的真心的男性朋友。

也想成为你的男性朋友：爸爸

35. 养成看报纸的好习惯

看报纸是一个好习惯，能让你见多识广，可以丰富你的知识。

女儿：

你每天都会帮爸爸拿咱们家订的报纸，我建议你有空时也可以读一下这些报纸。看报纸是一个好习惯，能让你见多识广，丰富你的知识。

报纸是以刊载新闻为主的印刷出版物，内容十分丰富，涵盖了不同领域的知识。你可以根据你的喜好选择阅读不同类型的报纸。但是，爸爸还是希望你能多读综合性的报纸，因为这类报纸囊括了各种类型的知识。读报纸可以让你了解历史，了解天

下事，也可以让你知道生活动态，获得书本和课堂以外的知识。

　　你也许觉得看报纸是一件枯燥的事情，你比较喜欢在网络上浏览新闻或是看电视新闻。但是我还是希望你能看看报纸。因为网络上的讯息很多、很繁杂，没有经过筛选，要找到适合你看的内容也不太容易；看电视的确是有效了解新闻的好方法，但是电视新闻都有固定播放的时间，很容易错过。报纸就不一样了，不论你在哪儿，只要你有时间，只要你愿意，都可以拿出报纸阅读，而且报纸的内容都是报社精挑细选过的，你可以根据自己的喜好和需要选择阅读的顺序。

从明天开始，和爸爸一起看报纸好吗？让我们一起扩充自己的知识。

喜欢看报纸的爸爸

36. 写给被经期吓坏的你

月经来临时，代表你已经向长大成人迈进了第一步。

女儿：

爸爸听妈妈说，你的月经已经来了，这可是一件值得高兴的事，因为这是你健康成长的证明。

每个女孩子到了青春期时，都要面对月经的初次造访。听妈妈说，一开始你不知道发生什么事，还以为自己生了重病，把自己给吓坏了。不要害怕，月经不是病，它代表你是一个身体健康的女孩，同时也证明你已朝长大成人的路途迈进一大步。爸爸很欣慰，昨天还和我撒娇的女孩，就要长大成人了。

月经的到来，表示你已经具备生儿育女的生理能力了。你是否开始对男人和女人的问题产生更多的好奇心了呢？当你有不清楚的地方，不要一个人苦恼着，你可以问问爸爸或妈妈，我们会陪你一起解答。当你有疑问时，也不要觉得难为情，没有什么不好意思的，明白问题的原因，才能避免发生状况。

宝贝女儿，也许还有我没说到的内容，因为这方面，妈妈的知识比爸爸丰富。你可以多询问妈妈，记住我告诉你的，遇到不明白的事一定要来请教我们哦！

祝贺你长大成人的爸爸

37. 养成良好的读书习惯

良好的读书习惯能让人掌握更丰富的知识。

女儿：

你知道爸爸很喜欢读书，甚至认为书是自己最要好的朋友。读书也是一门学问，好的读书习惯能让人学到更多知识，爸爸写这封信是为了和你分享爸爸行之有年的好的读书习惯。

多读书，读好书。读书首先要慎重地选择，并非什么书都要读，要选择适合自己的好书来阅读。好书的定义就是对自己的生活和学习有所帮助的书。多读书并不是说读的书越多越好，而是说不同种类、不同领域的书都要读到，这样才能获得更广泛的知识，完善自己知识的结构。

再者，要勤写笔记。写笔记也是一个好习惯，在读书的过程中，遇到不懂的句子、知识等等，要用笔画记出来，再找时间请教别人；遇到自己觉得好的语句也可以画记出来或是写在笔记本上，闲暇时不忘取出笔记本勤读熟记，以便日后灵活地运用。你可以根据各种情况，用不同的符号或是不同颜色的笔在书上做记号，以便阅读和理解。

另外，也要学习爱护书籍。既然要读书，就要懂得爱护书本。为了避免损坏书本，可以用报纸、牛皮纸或书套等把书皮包起来，为书本加上一层保护膜，有效地保护你的书。不要随意放置书籍，以免你需要时找不到，最好能规划一个专属的书架来收藏图书，这样一来不但方便查阅，还能有效地保护书籍。

这些都是爸爸觉得比较好的读书习惯，如果你还有其他好的读书习惯，要记得和我一起分享喔！

爱读书的爸爸

38. 自食其力是一个好习惯

自食其力是培养自己独立生活的有效途径。

孩子：

想要独立生活，就应该养成自食其力的好习惯。什么是自食其力呢？它不单是指自己的事情自己做，还包括要靠自己的力量养活自己。

现在你什么事情都可以依靠爸爸妈妈，但爸爸妈妈不可能永远陪在你身边，爸爸妈妈也有自己的事情要忙，总有不在你身边的时候。如果你平常没有学着照顾自己，当我们不在你身边时，你要如何生活？爸爸真的很担心。所以，我决定现在开始教

你照顾自己，让你学会自力更生的生活技能。

　　你现在虽然还没成年，但是，你已经可以帮爸爸妈妈做一些家务了，所以，爸爸和妈妈商量，今后不会再无条件给你零用钱了，你应该凭自己的力量赚取零用钱。比如早上去帮妈妈买牛奶，或帮爸爸拿报纸，周末帮忙打扫院子，煮饭时帮忙洗菜，饭后帮忙洗碗等等。每做一件家务，你就能获得一份收入，仔细算算，这样你一星期的零用钱会比以前多很多喔！

你做得越多就得到越多，收入和付出是成正比的。

女儿，从现在开始，养成自食其力的好习惯吧！这样一来，你将会成为一个比现在更独立、更能干的人，也能拥有独立生活、面对未来的能力。

希望你独立的爸爸

39. 不要太在意别人的看法

在自己的想法和别人的看法之间，要做一个坚决的判断，否则，很可能会失去自我。

孩子：

爸爸发现，有时候你非常在意别人的看法。例如你出门前老是在房间里折腾半天，却找不到满意的衣服，怕自己觉得好看的，别人觉得不好看。太在乎别人的看法，顾虑重重，就会把原本简单的事情复杂化，变得难以抉择了。

记得你自己动手做了一个相框，打算送给欣怡当作生日礼物，可是你却十分害怕朋友们会笑你，也怕欣怡嫌弃你的礼物寒酸，而犹豫不决，不知道该不该把这个礼物送给她。当时爸爸告诉你，你会

在意别人的看法，是因为希望得到他们的认可，然而，重要的是你制作礼物的心意，而不是礼物本身的豪华与否。于是，你壮着胆子把相框带到生日派对上送给欣怡了，朋友中有夸你手巧的，也有嘲笑你的……但是，重要的是，欣怡不是很喜欢你送的礼物吗？别人的看法只是呼啸过耳边的风声而已，你不要太在意，只要按照自己的想法去做就好了。

一个人不可能得到所有人的认可，每个人对你的看法也会有所不同。太在意别人的看法，就不可

能认清自己的本质，只会为生活徒增烦恼。如果要主宰自己的人生，就一定要坚定自己的信念。也就是说，要在自己的想法和别人的看法之间做出判断。否则，很可能会失去自我。

不要太在意别人的看法，要对自己有信心，做自己认为值得去做的事情。加油！爸爸相信你可以做到！

相信自己的爸爸

40. 不要在背后议论别人的缺点

在背后议论别人，会降低你的人格魅力。

女儿：

昨天，爸爸偶然听到你和欣怡聊起隔壁班的明敏。我们总是会在聊天时提起别人的事，但是在谈话过程中，最好不要评论别人的缺点，这么做是不对的。

在背后议论别人的缺点，会降低你的人格魅力，一个有修养的人是不会在背后议论别人的。如果有一天你说的话传到当事人的耳朵里，当他听到你说他的坏话时，会出现什么结果呢？他肯定会很生气，不愿意再和你做朋友了。而且会让朋友觉得

你不值得信赖，如果他们心里有秘密，就不会告诉你了。或许你会反问我，如果这个人真的有很多缺点和令人讨厌的地方呢？这时，你应该当面告诉他，并且帮助他改正缺点，这样才是正确的做法。总之，不要在背后议论别人，也不要在暗地里数落别人的不是。爸爸不知道你和欣怡的谈话内容，但我希望你们没有议论明敏的不是，因为爸爸希望你是一个人见人爱、有修养的女孩子。当然，你和朋友相处得不愉快时，也可以对我发发牢骚的，爸爸会是你永远的忠实听众。

你最忠实的朋友：爸爸

41. 做个能够 战胜自己的人

能够战胜自己的人，才是真正成功的人！

女儿：

人生中最大的敌人不是别人，而是自己，所有的困难都源于自己。只有当你明白所有困难和阻碍的制造者其实都是自己的时候，才能真正地战胜自己，取得成功。了解自我，相信自己，才能成为真正的成功者。

想要战胜自己，首先必须了解自己。人生最困难的就是了解自己，有自知之明是最难得的。要想了解自己，可以在生活中或是和朋友们相处时仔细观察，发现自己的优缺点，并认知自己在

朋友中、生活中的重要性。只有了解自己，才能对症下药，知道该从哪里着手，才能战胜自己。

等你决定战胜自己的方向后，还要相信自己。要战胜自己，必须先肯定自己战斗的信念，告诉自己"没有做不到，只怕不去做"。要坚定自己的信念，努力去做，不要轻易放弃。勇于肯定自己的信念，向最大的敌人——自我挑战。

如果你能确切地了解自己，并且坚定了自己的信念，你已经朝战胜自己的路途迈进了一大步，也就是向成功迈进了一大步！做一个能够战胜自己的人吧！孩子，爸爸相信你办得到！

相信你能够做到的爸爸

42. 好奇心是认识世界的钥匙

好奇心能激发一个人的求知欲，进而达到认识世界的目的。

女儿：

我们所生活的这个世界，还有很多事物没有被人们认知，人类还处在不断探索和认识世界的阶段。大多数科学家都有高度的好奇心，好奇心能激发人类的求知欲，进而使他达到认识世界的目的。无论生活还是读书，我们都应该保持着好奇心。

你知道发明电灯的爱迪生吗？爱迪生8岁时，有一次学校上数学课，老师教大家"2+2=4"，爱迪生马上站起来问老师2加2为什么等于4。这个问题把老师问得目瞪口呆，老师觉得他是个捣蛋鬼，故意要找麻烦，于是，爱迪生上不到三个月的课，就被老师赶回家了。然而，正是因为爱迪生有高度的好奇心，当所有人都无法给他答案时，他依然觉得好奇，想知道经过无数实验后，自己的假设是否能成真，他的好奇心成为他努力不懈的最佳动力，最后终于发明了电灯，取得举世闻名的成功。

所以，无论学习知识或认识世界，都应保持着高度的好奇心。好奇心能让我们探索生活的乐趣，进而更加热爱生活。孩子，无论我们在做什么，一定要多问几个为什么。

或许你会想，我对任何人、事、物都不感兴趣，要怎么保持好奇心呢？其实很简单，你必须试着对生活

保持热忱。你必须认真地对待生活中的每个人、每件事、每个风景，甚至是每个细节。当你对生活充满感情时，就会想了解更多，这样一来，你的好奇心就会自然而然地产生了。

你想成为一个成功的人吗？一个对其他事物漠不关心的人，是无法拥有好奇心的。所以，现在就开始培养你的好奇心吧！爸爸期待你早日迈出认识世界的第一步。

充满好奇心的爸爸

43. 用日记记录你的成长史

日记是生活、思想及感情的实录。

女儿：

　　爸爸知道很多女孩子都有写日记的习惯，你有写日记的习惯吗？你不要小看写日记这件事，它不仅可以让你累积更多知识，还可以见证你的成长。

　　日记的文体十分自由，有很多种不同的形式。无论叙述、抒情或议论，都可以写在日记中；你可以把日记写成几千字的长篇文章，当你不知该写什么时，三言两语也可以是一篇日记。你可以依据自己每天的情况，选择当天要写在日记中的文体。你可以把一整天的想法写在日记上，例如对周围的人事物的想法，或是自己天马行空的幻想。想怎么写，就怎么写，就算是什么隐密的事，也可以如实地记录下来，因为真实的日记才能真实地记录你的成长痕迹。

写日记是累积知识的有效方法。把一天中记忆深刻的上课内容写下来，把你听到的好故事写下来，把你一整天有感而发的情绪写下来，日积月累，日记就会成为你的知识宝库。

前几天打扫房子时，爸爸找到自己小时候的日记，日记里记载着爸爸和童年玩伴一起玩耍、闹别扭的事，还有因为淘气而惹爷爷奶奶生气的事……我花了一个晚上的时间读完这本日记。当我阅读这本日记的时候，仿佛又回到了小时候，看着日记里的事件和当时的心情，老爸觉得自己又经历了一次相同的心境。我想，等我老了以后，再翻开这些日记回忆自己的人生，会是多么幸福的一件事！

孩子，如果你现在已经有在写日记了，请一定要坚持下去，不要放弃。如果你还没有开始，请现在就开始，现在开始还不算晚。孩子，亲手写下自己的成长史吧！

喜欢写日记的爸爸

44. 关心别人的人，才有魅力

与人交往，应当懂得关心别人。

孩子：

前几天爸爸在工作上遇到不顺心的事，回到家以后心情也不好，我独自待在书房里烦恼着时，你突然跑过来关切地问我怎么了，以及你可以为我做些什么。顿时，爸爸的心情好了很多，我的宝贝女儿已经知道要关心爸爸了，我觉得非常非常地高兴，决定以后不管工作上遇到多么不开心的事情，也不能把坏情绪带回家。

宝贝，你知道吗？关心别人的人是很有魅力的，只要你经常关心别人，有一天当你需要别人的

关怀时，一定也会有很多朋友愿意关心你。尽量去关爱他人，你终将得到回报。不论是以温暖的目光注视着别人，在别人难过的时候送上一句安慰的话，还是当别人伤心失意的时候，给他一个鼓励的小动作，都是关心别人的表现。

　　关心别人还可以表现在与别人的谈话当中。比如和朋友谈话的时候，光是认真聆听别人的话是不够的，当轮到你发言时，你可以仔细观察朋友的表情，察言观色，

适度调整发言的内容，这也是关心朋友的表现。当你和朋友谈话时，如果朋友自顾自地说话，你也不要表现出不耐烦的样子。或许你并不怎么喜欢这个朋友，但也要耐心地倾听。这样一来，你不但显得很有礼貌，也十分有魅力！

当然，关心别人还可以从许多方面去表现，爸爸希望你自己多多观察，多多发掘，回信的时候再告诉我你的观察效果喔！

关心你的爸爸

45. 学会合理地安排时间

合理安排时间，可以让时间更充裕。

女儿：

最近爸爸常常听到你抱怨，说时间不够用，要做的事情却太多了。我觉得有必要和你探讨一下"时间"这个问题。

我知道，你除了念书以外还有很多事情要做，有时难免觉得时间不够用。但是，爸爸要告诉你，只要你合理地安排时间，就可以像变魔术一样，把时间变得更加充裕。例如去年暑假，前半段的时间你都用在和朋友们出去玩耍了，新学期快开始时你才开始做暑假作业，这样子是不对的。你应该在暑假一开始时就安排好写作业和玩乐的时间，并且按照计划去进行，这样一来，就不会觉得时间不够用了。想要合理地安排时间，就必须先知道自己在某段时间内必须完成哪些事情，再按照具体情况安排配置。

首先，要知道自己在某段时间内必须完成哪些事情。我们可以先来规划你今年暑假的时间配置。首先你得弄清楚整个暑假要做完哪些事情，包括写暑假作业、游泳、和朋友玩耍、去图书馆等等，把要做的事情一一列举出来。

再来就是统筹计划，把你要做的事情合理的安排，例如哪些事情得先完成，哪些事情可以晚点完成等。你最好制作一张表格，把所有事情一一写上，就一目了然了。当你把时间计划表做好以后，就得按照上面的安排来做，当然，老爸也不是要你不知变通地按照计划去做，遇到突发事件时也要灵活处理、随机应变，以计划表为参考，谨慎地利用时间。

当你学会合理地安排时间后，学习的时间和玩耍的时间就会变得更加充足啰！

会安排时间的魔术师：爸爸

46. 爱护比自己 弱小的孩子

不懂得爱护弱小的人，
也不算是成功的人。

女儿：

小孩子和老年人一样，也是社会中的弱势群体，我们每人都有义务、有责任对他们多加照顾。

每个人的人生历程都必须历经孩提时光，我们都曾经幼小虚弱到需要别人的保护，也希望别人能保护我们，不要伤害我们；所以，如果遇到比我们弱小的孩子时，爱护他们是一种美德，欺负他们则是不道德的。

现在你在学校里，对这件事情应该还是有很深的体验吧！学校是一个大家庭，每年都会有一批新的成

员加入。当你初次加入时，你是那么的弱小，那么的需要别人保护。而当你渐渐长大，比你弱小的人变多了，他们需要别人的关心、爱护和指引，这个时候你就应该将心比心，回想自己当初是多么无助，然后尽可能地帮助他们，不要欺负他们。

　　每个人都有童年，都希望自己的童年过得快快乐乐，所以我们应该推己及人，亲切地对待比我们弱小的孩子，让他们的童年也像我们的童年一样，充满了快乐的回忆。

爱护幼小的学长：爸爸

47. 持续运动，会让你更漂亮

让自己变漂亮的方法有很多，运动是最健康的方法。

女儿：

你说你和朋友们在讨论如何才能让自己更漂亮。这问题我也想和你们一起讨论呢！我告诉你一个秘密，持续的运动就能让你更漂亮。

运动不但可以让脸色红润、皮肤细致，还能保持身材。运动能使你的身体更加健康，健康的身体是美丽的前提。如果没有一个健康的身体，一切美丽都是空谈。运动能提高新陈代谢，你的气色就会红润，皮肤也会因为有新陈代谢的滋润而变得更好。长期运动能增强身体器官的功能，让你充满活力，延缓衰老。

而且，女孩子总是对自己的身材不满意。以营养学的角度来看，你的身高和体重的比例已经十分完美，但是，因为爱美的心，你还是希望自己能变得更瘦，那么就运动吧！运动可以达到你要的目标。

孩子，现在就开始运动吧！努力、持续地运动，让自己更有精神和朝气，变成一个美得让人移不开视线的大美人。记得要和好朋友们分享这个方法喔！

爱运动的爸爸

48. 每天进步一点点

每天努力一点点，你将会一步步实现你的人生理想。

孩子：

此刻我在灯光下写这封信，看得见你正在书房里做暑假作业，我很高兴。但高兴之余，又有些担心。放假这些天来，学习不像平时那么紧张了，为了让你休息好，我们也没有像别的家长那样，让你去上训练班或补课。

然而，你似乎并没有理解我们的用心。这些天来通过我的观察，发现你很缺乏学习主动性。如果哪一天我没有强调和要求你做什么，你就会一直守在电视机前，懒散得不成样子，你似乎无聊得不知道该干什么好。

孩子，我想让你休息好，但并不是让你消磨时间，无所事事。我曾经给你讲过很多珍惜时间的故事，就是为了告诉你学会利用点滴的时间来积累知识，丰富人生，改变自己。

孩子，千万不可小看这每天一点点的进步。你认真想想，刚进小学的时候，你认得几个字？但是现在你可以阅读古今名著了。刚开始学英语的时候，你还只能认识几个字母，但是现在可以很熟练地用英语对话了。之所以出现这些巨大的可喜变化，靠的不正是你平时一点一滴的积累吗？有这样一个故事：

一个叫提夫的男孩对足球十分痴迷。一个偶然的机会，他被父母送到了足球学校学习踢足球，父母希望他可以在自己喜欢的领域里有所成就。

在足球学校里有很多孩子，而提夫并不是他们当中最出色的一个，因为此前他并没有受过规范训练。提夫上场训练时，常常受到队友们的奚落，说他是"业余球员"。男孩为此很难过，他问教练："我真的永远都是业余球员吗？"

"提夫，听过水滴石穿的故事吗？水滴很弱小，可是经过它长年累月地努力击打，石头还是被它砸出了一个坑。孩子，我希望你能明白，只要每天都努力，你每天都会进步一点点。你不会永远都是业余球员的。"

提夫相信教练，于是更加刻苦训练。每个队员的目标都是进职业队当主力，而职业足球队也经常来足球学校挑选后备力量。每次选人时，提夫都迫切希望被选上，他努力踢球，一次不行，就再来一次，不停地为进职业足球队而努力。

不久后的一天，提夫收到了职业队的录取通知书。他激动万分，希望教练可以与他一起

分享。当他看到教练的时候，他发现教练的眼中同样闪烁着喜悦的光芒。

"提夫，祝贺你，你最终还是成功了！"杰姆教练高兴地对他说，"也许你会是下一个球星！"

孩子，人生的每一天都应该充满新鲜感。每天进步一点点，并不是很难达到的目标，也并不难于实现。只是今天的我必须超越昨天的"我"，更进步，更充实，这样才能够不断地提升自己。

当然，在这个每天进步一点点的过程中，要始终坚持不懈，如果"三天打鱼，两天晒网"，或者自己给自己找借口，那就会像逆水行舟一样，不进则退。

孩子，我希望你能够很快明白，不再无聊地消磨时间。你要相信，现在每天的一点点努力和进步，最终可以成功地实现某个目标，可以一步步地实现你的人生理想。

同样渴望进步的爸爸

49. 以礼待人

懂礼貌的孩子令人喜爱。

孩子：

对人有礼貌是生活中不可缺少的礼仪，也是正确积极的生活态度。以礼待人可以分为言语上的礼貌和行动上的礼貌。

言语上要有礼貌。见到朋友时，要主动上前寒暄问好；与人交谈时，不可以打断别人的说话；日常生活中，也要经常使用"请"、"谢谢"、"对不起"等礼貌用语。人人都喜欢有礼貌的人，言语上有礼貌，绝对是件好事。

行动上也要有礼貌。狭路相逢时，要懂得礼让对方先过；座位不够时，要懂得礼让别人先坐；与人谈话时一定要看着对方的眼睛，表示礼貌。当你有礼貌地对待大家时，不但会获得大家的喜爱，相对的，大家也会很有礼貌地对待你。

以礼待人不分对象、时间或地点，无论是和朋友在一起时，或是和长辈们出游时，都应有礼貌地对待大家。爸爸经常听见有人夸你，不论是邻居还是爸爸、妈妈的朋友，都夸你是个懂礼貌的孩子，大家也都非常喜欢你。由此可见，以礼待人是多么好的一件事，既能提高自己的修养，也能结交到更多的朋友，使生活更加愉快。孩子，你是爸爸的骄傲，以后也要保持礼貌哦！

礼貌的老爸

50. 让读书变成有趣的游戏

当读书变成一种有趣的游戏时，这件事就不再枯燥乏味了。

孩子：

有次爸爸听到你说："读书实在太无聊了，有时候无聊到读不下去；但玩游戏就很有趣，一玩起来就停不了了。要是读书能像玩游戏一样轻松，那就好了。"孩子，你有没有想过，其实读书也可以变成一种有趣的游戏呢？当读书变成一种有趣的游戏时，就不再是一件索然无味的事情了。

首先，我们要培养读书的兴趣。爱因斯坦说："兴趣是最好的老师。"热爱某件事情，就能对它产生兴趣，而兴趣又可以成为学习知识的巨大动

力。所以，你要先让自己爱上读书。做作业时，你可以和其他同学一起比赛，看谁先写出正确答案，也可以和同学们一起讨论同一道题有多少种不同的做法，然后给表现最好的人一点奖励，为"读书"这件事增添魅力，也能在学习的过程中渐渐爱上

"读书"，进而对它产生兴趣。

当你对"读书"产生兴趣时，想要读得更多、更好的心情，也会油然而生。接下来，你必须继续保持愉快的心情去进行这件事。也就是说，当你上课、读书及写作业时，不要把它当成老师或父母交给你的任务。不要为了迎合某人的期望而去念书，要为自己的乐趣念书。无论何时何地都要保持愉快的心情，哪怕上课时老师问你问题，你答错了，写作业时你不小心写错了，甚至考试时写错答案——当你发现自己的错误并改正它，不也是一种乐趣吗？如果你遇到难题，就应该更加热爱它，对它投入更多的兴趣，因为，历经重重关卡得出答案时，将会是多么幸福的感觉啊！

孩子，把念书变成玩游戏，并尽情地体会念书的乐趣吧！

把学习当作游戏的爸爸

51. 为自己找一个楷模

为自己找一个楷模，让他
成为你前进的动力。

女儿：

许多人在成长的过程中，会不断为自己树立楷
模，然后专心致志地朝心目中的模范前进，等到达
目标后，再定出下一个楷模，继续努力追赶。

孩子，你的心目中是否有这样的目标？如果没
有，要尽快为自己找一个。

世界上有许多伟人可以作为你的楷模，例如爱
迪生、爱因斯坦或迈克尔·乔丹，他们都是十分杰
出的人，有许多值得我们学习的特质。你可能会
想，这些人都很棒，我怎么能跟他们比呢？要如何

才能追上他们的成就呢？孩子，你知道吗？爱迪生念小学时曾经被老师骂"蠢蛋"，但是，他后来却成为著名的发明家；爱因斯坦四岁才会说话，却成为一名天才科学家；篮球巨星迈克尔·乔丹高中时曾被篮球校队开除，后来却成为全世界球迷疯狂追捧的篮球明星……他们都曾经是普通人，立足点跟我们一样；但是，后来却可以成为那么棒的人。

所以，我们应该把他们当作榜样，努力学习他们身上的优点，遇到困难时，就想想他们曾经遇上的挫折，不断为自己打气加油，战胜困难。

一个人最怕的就是生活没有目标，漫无目的地过日子，这样会让原本灿烂的人生失去光彩。为自己建立一个目标，并朝着这个目标努力前进吧！

爸爸目前的榜样是你爷爷，我一直希望能成

为跟他一样棒的父亲，现在的我正不断努力着。
孩子，为自己寻找一个楷模吧，然后我们再一起
努力吧！

正在努力的爸爸

52. 爱护自己的眼睛

眼睛是心灵的窗户。

女儿：

你知道吗，小时候别人都夸你，说你的眼睛大而明亮，充满了好奇，还透着一股调皮劲儿。是啊，你的眼睛好像会说话，一闪一闪的，好像要告诉我们你对这个世界的好奇。

你渐渐长大了，会独自看动画片了，可以自己看书了，还学会了上网，在网上搜索感兴趣的资料。

然而当我们为这一切感到高兴的时候，也不免有点担心。因为我看到有些和你一样大的孩子竟然戴上了眼镜，我不希望你也戴上眼镜。

孩子，你知道吗？眼睛是心灵的窗户，是否拥有一双明亮的眼睛，是一个人健康与否的重要标志之一。通过眼睛，我们可以直接、真实地了解这个五彩缤纷的世界。如果没有眼睛，即使外面的世界再精彩，我们对四周的感觉也只是一片永远的黑暗。

眼睛是如此珍贵！但是，在我们的周围，有很多人忽视了眼睛保健。有一个调查显示，我国青少年近视眼发病率日趋升高，严重影响了他们日后的生活和工作。

孩子，我不想你的明亮美丽的眼睛有任何损失。你一定要爱惜自己的眼睛，做一个健康的人。亲爱

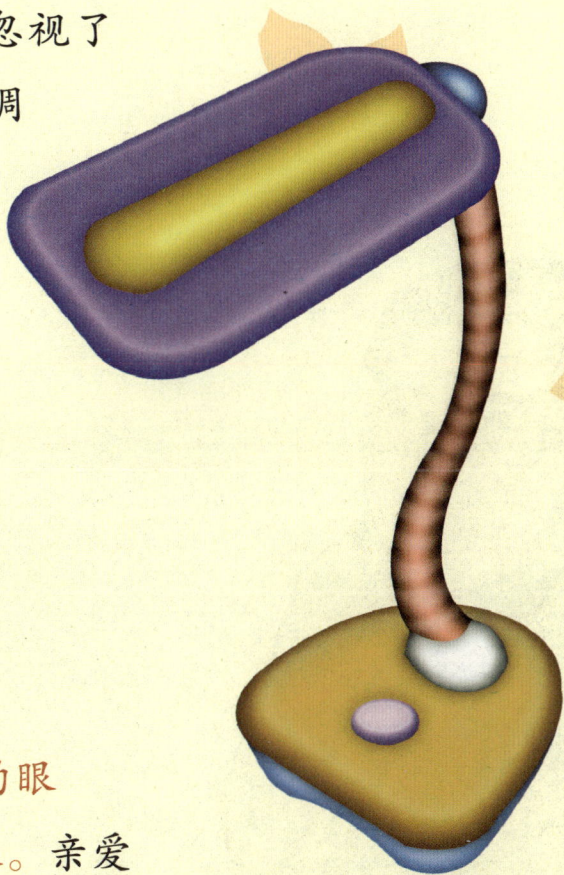

的孩子，所有的这些，都是希望你能保护好心灵的
窗户——明亮的眼睛。

不喜欢戴眼镜的爸爸

53. 着装，马虎不得

着装得体，给你的外表美加分。

孩子：

从前有一头聪明伶俐的驴子，全身毛皮发亮，身强力壮，而且学东西非常快，动作也很迅速。从各方面来看，他是头很优秀的驴子，因此受到同伴的尊敬，主人也非常喜欢他。当然，驴子也过着不错的生活。

可是，令人意外的是，这头驴子有满腹的牢骚。驴子之所以会这样，是因为他对自己的能力很有自信，虽然他身为驴子，也受到了相当的礼遇，可只是被当成驴子看待。他对这一点非常不满，这使他的心里蒙上了阴影。

有一天，这头驴子在仓库里发现了一张狮子皮，心想："据说，狮子这种动物是百兽之王，我如果能够披上这张狮子皮，相信也会有狮子的威严和气魄，说不定会赢得更多的尊敬。"

驴子为了更新自己的形象，果真披上狮子皮走了出去。动物们看到他那凶神恶煞的样子，吓得掉头就逃。主人马上拿着棍子来教训他，当围观的人看到"狮子"被赶进了磨坊，都禁不住大吃一惊。但当人们了解事实后，这只驴子就成了大家的笑柄。

愚蠢的驴子很可笑，他就像你们当中有些同学想表现出个性，或者想模仿自己崇拜、喜欢的人而穿着不适合自己的服装一样。虽然着装并没有什么法律上的硬性规定，只是个人的自

由，但是，着装往往可以表现出一定的身份、气质和审美。同时，着装也可以表现出对他人的尊重。试想一下，如果你去看病，医生穿着牛仔服，你是不是会觉得这个医生很不礼貌，进而怀疑他的医术呢？如果你去法院，而法官穿着一身运动服，你是不是会觉得这个身穿运动服的法官对工作很不严肃。所以，作为学生的你，应该身穿适合自己身份及年龄的服装。因为这既是一种对老师的尊重，也可以体现少年儿童的精神风貌。

对于着装，虽然俗话说"穿衣戴帽，各有所好"，也就是说穿着是人们日常生活中的平常事，是无需别人说三道四的。不过你也得知道，合适的着装与不合适的着装带给自己的感觉和别人的观感确实是很不一样的。还在学校的你们，当然也有权利把自己打扮得漂亮，但这并不是说你们就可以无视自己的年龄和生活环境，随意装扮自己。毕竟，学生还没有踏入社会，而且对审美的判断还不健全，很容易因为追随所谓流行美而走入一种对

"美"的认识误区。

所以，穿衣之前咨询一下父母，衡量一下自己的年龄还是很有必要的。

一个人的外表美不美，除了自身的气质和内涵外，还取决于着装是否得体。那些奇异的不符合自己实际的着装只能在短期内博得大家的注目，却不会在长时间内获得大家的赞誉。所以，你作为学生一定要挑选适合自己身份及年龄的服装。

注重着装的爸爸

54. 尊敬老人的孩子
才是好孩子

不懂得尊敬老人的人，
不是真正成功的人。

孩子：

　　老人是社会中的弱势群体，我们每个人都有义务、有责任对他们多加照顾，尊敬老人的孩子才是好孩子。

　　每个人都会经历生老病死，年轻时努力地打拼，然而，即使年轻时多么身强体壮，做过多少大事，都将有老去的一天。所以，现在的老人们年轻时也必定为社会做过无数贡献，我们现在生活的环境，是他们为我们努力创造、维持下来的，如果没有前人的贡献与努力，我们就不可能拥有今日便利安全的生活环境。老人们是我们的资产，是磨尽棱角后，回归到粗糙却内敛光辉的美丽宝石。

正因为如此，我经常在周末时去养老院当义工，去和那里的爷爷奶奶们聊天谈心，体会他们的智慧与内敛。在看到这么多成功的前辈后，我会更用心地生活，也更加懂得感恩。善待老人的习惯应当流传下去，因为我们终将老去，现在养成的习惯，以后也会造福我们。尊敬老人，就是善待自己。

孩子，这个周末你是否有兴趣跟爸爸去当义工呢？相信这一趟绝对会带给你惊喜哦！

尊敬老人的爸爸

55. 要以平和的心态面对生活

用平和的心态面对生活，你会发现这个世界很美。

孩子：

在成长的过程中，我们会遇到各种事情：高兴的，伤心的，令人兴奋的，或是让人沮丧的……面对这些事情时，我们常会产生各种不同的情绪。之前老爸曾经告诉过你，与朋友相处时如果懂得控制自己的情绪，你会得到更多朋友；同样地，如果能以平和的心态面对生活中的大事与小事，你会生活得更快乐。

那么，要如何保持平和的心态呢？当你面对令人兴奋、高兴的事情时，不能过于激动，要告诉自己再接再厉，不要得意忘形；当你面对让人伤心难过的事情时，也不能过于悲伤，要告诉自己一切都会过去，然后继续努力。爸爸永远记得，有一次你考了全班第一名，高兴地跑回家告诉每一个人，兴奋得简直要跳起来了，但是第二天老师却告诉你成绩算错了，你真正的名次是第二名。那天你回到家后，就把自己锁在房间里哭了好久，不管谁去叫你，你都不理，晚饭也没出来吃。你说这个世界怎么这么讨厌，还说你讨厌上学，讨厌老师。假如一开始你可以抱着平和的心态去看待你的名次，后来知道成绩算错时，就不会那么伤心了，这个世界还是那么美好。而且，你真正的名次是第二名，就是告诉你必须更加努力，只要继续努力，总有一天会拿到第一名的。后来你不是也做到了吗？所以，如果可以随时保持平和的心态的话，一切都将十分美好！当年爷爷过世的时候，爸爸心情很糟糕，但是，我努力保持平和的心情，告诉自己，每个人都有离开人世的一天，你爷爷已经活到八十多岁了，是长寿、喜丧，儿孙满堂，子女都很有出息。所以，爸爸就没有那么伤心了。由此可知，用平和的心态面对生活，是多么地重要啊！

爸爸希望你每天都能以平和的心态去面对生活，"不以物喜，不以己悲"，那么，你的生活会永远快乐。

希望你每天快乐的爸爸

56. 诚实的人 能够获得成功

要成为优秀的人，诚实
是第一步。

女儿：

你是否注意到，诚实的人身边总有许多朋友，
他们大多十分优秀，能得到多数人的认可和喜爱。

而诚实又是什么呢？诚实，就是无论何时何地
都不说谎。说谎是骗人的行为，会破坏你和朋友之
间的友谊，大家都不喜欢说谎的人。

你知道美国第一位总统华盛顿吗？他是一位非
常成功的总统，在他小时候曾经发生过一件事。当
他还是个孩子时，不小心砍掉了他父亲种的两棵樱
桃树，他父亲知道后非常的生气，说："如果让我

知道是谁砍了我的树，我一定要狠狠揍他一顿。"于是，他父亲到处询问，当父亲询问小华盛顿时，小华盛顿吓得哭了起来，但他颤抖着说出了实话："是我砍了那两棵树！"这时，他的父亲抱起他说："我诚实的孩子，我宁愿失去一百棵树，也不愿听你说谎。"华盛顿的良好人品，就是从诚实做起。要想成为成功的人，是不能说谎的，诚实是成功的第一步。

相信你还听过许多故事，可以证明诚实与成功是相辅相成的。孩子，爸爸希望你做一个诚实又成功的好孩子，让我们一起努力吧！

希望你诚实又成功的爸爸

57. 学会倾听

学会倾听，是与人交往不可缺少的技巧。

孩子：

在和别人谈话的过程中，你会不会打断对方的说话，或是自以为是地反驳对方呢？在日常生活中，我们要学会用心倾听他人的话语。倾听是一门艺术，也是一种技巧，更是了解别人的重要途径。现在，就让爸爸告诉你如何学习这门艺术吧！

首先，你必须尊重对方；其次，要付出诚意及耐心；最后，要适时鼓励、表示理解，并且回馈对方。

首先是尊重对方。不要随意打断别人的话，不能在谈话时一心二用，也不要随意以自己的观点做出评论。这些行为都会让对方觉得你不尊重他，是十分恶劣的行为。

再者是付出诚意及耐心。当你有别的事情不能倾听别人说话的时候，记得不要勉强，应该有礼貌地提出来。有的时候因说话的人情绪激动，说出来的内容比较情绪化，前后不连贯，让你觉得难以理解，或说话的人对事物的观点与看法和你不同；遇到这种情形时，就必须耐心地把别人说的话听完。听完后，你可以表示认同或不认同，但要试着理解别人的心情和情绪。一定要耐心地把话听完，才能达到倾听的目的。

最后，请回馈对方。和别人谈话的人，都希望自己所说的话能得到理解和支持，如果能在倾听的过程中加入一些回应和肢体动作，如回答"对"、"是的"，或点头微笑等，都能鼓励他继续说下去，并引起共鸣。不准确的回馈则不利于谈话，准确地回馈对交谈的对象有极大的鼓舞作用，也能在别人心里留下好印象。

孩子，说到这里，你明白倾听的艺术了吗？爸爸希望你能把这些秘诀学会，成为一个善解人意的好女孩。

希望能当你倾听的朋友：爸爸

58. 用行动证明自己的为人

在与人交往的过程中，要学会用行动证明自己的为人。

女儿：

你也许会碰到说你坏话，或是挑拨你和朋友的关系的人，这个时候你不需要害怕，要用实际行动来证明自己的为人。

当别人说你的坏话时，一定要用实际行动来证明自己的为人，不要有为人诟病的把柄。如果这个人说的是真的，那么，你就把这个缺点改正过来，用实际的行动向大家证明，你已经没有那个缺点了。这样，说你坏话的人抓不住你的把柄，也就不会再说你的坏话了，大家也会继续和你做朋友。但

是，当你遇上以取笑别人、无中生有、以诽谤别人为
乐趣的人，即使你没有他所说的缺点，他也会大肆宣
扬不实的内容，好让你难堪。面对这种人，要当作他
们不存在，不要因为不实的谣言而轻易动摇。当朋友
们都知道那个人所说的不是事实时，他的谎言也就不
攻自破了，朋友们自然会站在你这边。

所以，用实际的行动证明自己的为人很重要，
哪怕是在没有人说你坏话的时候，也要时时刻刻注
意，做真实的自己。

你真实的朋友：爸爸

59. 对自己的行为负责

只有对自己的行为负责,
才能获得他人的信任和尊重。

女儿:

那天,你打扫房子时打破了一个花瓶,爸爸和妈妈决定让你用自己的零用钱重新买个花瓶。你看起来很不高兴,爸爸也知道,你主动帮忙打扫房子是件好事,但是事情得分清楚,你打破花瓶也是事实,所以你必须弥补自己的过失。因为只有对自己的行为负责,才能获得他人的信任和尊重。说过的话要算话,做错事也要承担相对的责任。

说过的话要算话。爸爸很早就告诉过你要说话算话,要言而有信。这一点你做得很好。承诺是一

171

种行为，而兑现诺言是负责任的表现。

　　做过的事要承担相对的责任。不论是谁，都应该对自己的行为负责，更要勇敢承担自己错误行为所衍生的责任。就拿你打破花瓶这件事来说，你打破花瓶虽然不是故意的，但是你还是得为自己的过失承担相对的责任。

　　我们从小就应该学习负责，承担自己应该承担的后果。责任是一种使命感，一个富有使命感的人在学习和工作中会比别人更加努力。不要找任何理由推卸自己的责任。拥有使命感的人才能获得他人的信任和尊重，才能成就大事业。

爸爸希望你能成为一个做大事的人，所以，从现在开始，你就要加油喔！

希望你对自己行为负责的爸爸

60. 自信的你最美丽

自信的女孩最美丽。

女儿：

随着年龄的增长，你总是问爸爸，怎么样才能让自己更美丽。其实，在爸爸的眼中，你永远都是最美丽的女孩，而且邻居们不也常常夸你长得可爱吗？但是，光有外在的美丽是不够的，我希望你能成为一个有自信的女孩，因为大家都说自信的女孩最美丽。

记得有一次，你连续几天都窝在家里，朋友叫你出去玩你也不去，爸爸就知道你一定是遇到什么事情了。你告诉我学校要举办一场舞会，但是你之

前跌倒受伤，腿上留下一个难看的疤痕，你怕舞会时大家看到那个疤痕会取笑你。爸爸开导了你很久，你还差点对我发脾气呢！我知道女孩子是最爱漂亮的，哪个女孩不希望自己成为舞会中最出众的一个呢？爸爸还告诉你，说到舞蹈，你一向是跳得最好的一个，别人不会注意到你腿上的疤痕的。后来我陪你去参加舞会，果然，你是当天舞跳得最好的女孩，大家都因为你美丽的舞姿忽略了那个疤痕，甚至可以说，大家根本不在乎那个疤痕，因为自信的你是最美丽的，一个小小的疤痕是影响不了你的美丽的。

人只要有自信，即使是平时不可能办到的事，也可能会成功。亲爱的宝贝，虽然生活中会遇到种种困难，不过只要自信勇敢地面对问题，加上坚强的意志力，再大的困难都可以突破。相反地，如果你逃避困难，对自己失去信心，即便是最简单的问题，也可能解决不了。

人生会遇到许多困难和失意的事，只要自信地面对，就能坦然地走过。不要胆怯，别人能做到的事，只要肯努力，你一定也能做到，相信自己，要对自己有信心喔！我最爱的乖女儿，爸爸相信你是最有自信的女孩！

对你充满信心的爸爸

61. 有计划地花每一块钱

让手上的每一块钱，
都花得十分有价值。

女儿：

昨天你向我要额外的零用钱，因为你想买一本书，但你手边的零用钱不够。买书、看书虽然是件好事，但是，我还是要提醒你，花钱和做事一样，需要详尽的计划，你必须懂得如何花钱。

你的零用钱大部分是帮忙做家务而得到的，你有权利自己支配。但是，爸爸希望，你每次花钱都要花得有价值，一块钱都不要浪费。小时候，爷爷曾经教导老爸"该花的钱一定要花，不该花的钱尽量不花。"例如要买读书必备的文具或参考书，

这就是该花的钱，一定得花；明明水瓶里有茶水可以解渴，但你却想买果汁来喝，这就是不必要的花费，应尽量避免。除此之外，你也要好好规划手边的钱，如果有想买的东西，可以制定一个存钱计划，一个月存不到，就存上两个月，两个月还是存不到，就存三个月……照这样持续下去，总有一天会存到需要的金额的。你可以把平时不必要的花费，例如买冰淇淋、买漫画的钱省下来，这样就能更快存到需要的数目。按照上面的方法去做，你的钱就不会不够花了。

钱不是万能的，千万不要把钱看得太重要。靠自己的能力赚钱是天经地义的事，就如同你帮忙做家事来换取零用钱一样。不但要靠自己赚钱，赚到了钱，还要懂得好好运用才是。

从现在起，希望你能适当规划你的零用钱，养成节约和储蓄的好习惯。有计划地花钱不是一天两天就能养成的，你可以从现在开始做起。

会理财的爸爸

62. 学会从生活中发现事物美的一面

换个角度思考问题，你会发现每件事都有美的一面。

孩子：

先讲个故事给你听。有一位老太太，她有两个女儿，大女儿家是卖雨鞋的，小女儿家是卖电风扇的。这位老太太每天都过得很不快乐，整天唉声叹气的。因为雨天时，老太太会担心小女儿家的电风扇卖不出去；晴天时，老太太又担心大女儿家的雨鞋卖不出去。就这样，老太太的心情是越来越差，身体也变得很差。有一天，有个人对老太太说，您何不这样想？雨天的时候，大女儿家的雨鞋一定卖得很好；晴天的时候，小女儿家的电风扇一定卖得

很好。老太太后来就按照那个人说的那样去想，心情就越来越好，身体也就好了起来了。

我讲这个故事是要告诉你，生活中有很多事情都有许多面，不管怎么样，总有美好的一面，你要学会换个角度思考，才能发现生活的美好！故事中的老太太一开始过得不愉快，因为她不懂得变换角度，不懂得去发现生活中美好的一面，而只是看到生活中不好的一面！后来，她换个角度思考，就发现了生活中美好的一面，生活也快乐起来了。

那么，我们要用什么方法才能学会发现生活中的美，才能生活得快乐呢？最重要的一点就是要热爱生活。

热爱生活，对生活充满希望。不论做什么事情，都要有乐观的态度。一个不热爱生活的人，是发现不了生活的美的。当你拥有一颗热爱生活的心，无论遇到再大的困难或挫折，你都能看到美好的一面。现在经历的困难和挫折，是对你的磨砺，是要测试你做事的决心，是生活对你的考验，这也说明了你距离成功不远了。

凡事多换几个角度去思考，你就会发现生活总有美的一面，你的生活也会变得越来越美，心情也随着欢欣愉悦，烦恼锐减。

希望你天天快乐的爸爸

63. 勤奋是成功的秘诀

天才是百分之九十九的汗水加百分之一的灵感。

孩子：

　　大多数成功的人，靠的不完全是天生的聪颖，还要加上后天的努力。一个聪明却懒惰的人，即使有再多的聪明才智，只要他不去运用，都是枉然；而一个智才平庸的人，却可能因持续的勤奋和努力，而获得成功。

　　"懒惰"是十分诱人的，每个人都曾经受到它的诱惑，许多事本来可以完成，却因为懒惰而错过了机会。所以，今天能完成的事一定要在今天完成，不能留到明天；自己能办到的事一定要自己完

成，不要推托给别人。时时刻刻提醒自己远离懒惰，鞭笞自己抛弃惰性，并且勤奋努力地生活。

勤奋不是与生俱来的，但可以后天培养出来，一个人一旦有了伟大的抱负和理想，就会为之奋斗，为之勤奋努力。古今中外有很多人靠着勤奋和努力取得了成功。你知道发现"镭"元素的居里夫人吗？她日以继夜不断搅拌着各种化学溶液，即使劳苦的工作使她的双手酸痛病变，化学溶液产生的有毒气体侵蚀她的身体，但她依旧坚持不懈、努力研究，最后终于取得成功。有"书圣"之称的东晋大书法家王羲之，小时候练书法十分勤奋，他每次练完字，就把毛笔拿到自家门前的池塘里清洗，时间久了，池塘里的水竟然变成墨一般的黑色。王羲之就是透过这样的勤学苦练，才成为著名的书法家的。类似的故事还有很多，爸爸就不赘述了。但是，我建议你可以看一看海伦·凯勒的故事，相信你必能有所收获。

爱因斯坦曾经说过："成功＝艰苦劳动＋正确

方法＋少说空话。"　"天才就是百分之九十九的汗水加百分之一的灵感。"由此可见，如果想取得成功，艰苦的劳动是不可缺少的。女儿，让我们一起努力吧，胜利就在前方向我们招手呢！

你勤奋的老爸